図解でわかる

改正相続法入門

司法書士 碓井 孝介 著

日本加除出版株式会社

はじめに　―大改正の相続法を、分かりやすく解説―

　平成の終わりの頃になって、相続法（主に民法第5編）が大きく変わることになりました。今回の改正は、昭和55年の改正以来、およそ40年ぶりの大改正です。

　相続といえば、人間であれば誰もが関係のある出来事であり、その出来事の効力等を定める相続法に無関係な人はいません。

　このように我々の生活・人生に密接不可分な相続法ですが、昨今の社会状況の変化のなかで、相続法も、その姿を変えることが求められてきました。

　たとえば高齢社会といわれた時代から超高齢社会となり、相続人も高齢化しました。昔は第一順位の相続人（子）といえば40代くらいの人が多かったのが、今では50代・60代が当たり前、70代以降の相続人も珍しくありません。また、配偶者相続人（平均寿命からいえば一般的には女性側）の多くは、80歳を過ぎてから相続人になります。このような環境の変化のなか、相続法は、時代・社会に応じたその在り方が求められているのです。

　本書は、平成30年7月6日に参議院本会議で可決・成立し、同月13日に公布された「民法及び家事事件手続法の一部を改正する法律」「法務局における遺言書の保管等に関する法律」を中心に解説します。

　改正法の解説といえば、未だ適用された実例がないことから、どうしても難しくなってしまうのが一般的です。

　しかしながら本書は、そんな改正法を、とことん分かりやすく解説しました。

　分かりやすくする工夫として、まずは本書では「従来の相続法における問題点」を指摘しています。これまでの相続法の問題点が分からなければ、改正内容の趣旨の理解が困難となり、改正法を理解することができないためです。

i

また、「形式」にもこだわりました。本書は見開き2頁で1項目とし、1項目で1つの内容を伝えることを意識して執筆しています。1つの項目で伝えたい内容を絞ることで、読者の皆様は、負担なく、そしてリズムよく読み進めることができるものと思います。

　具体的な制度解説については、文章だけで内容を伝えるのは簡単ではないことから、「図解」を試みました。各項目の右頁には、左頁の文章で解説したことが一見して分かるように、可能な限り図を用意しました。

　さらには具体例がないことには理解が追い付かないため、できるだけ「事例」を取り入れました。たとえば遺留分の計算や遺産分割の仕方など、事例を通せば分かりやすくなります。

　このような執筆・編集過程における工夫によって、本書は、現時点で存在する改正相続法の解説書のなかで、もっとも分かりやすい本になったと自負しています。これから改正相続法の勉強に着手したい専門家の方にとっては、概要を素早く理解するための入門書としてご利用いただけます。専門家以外の方にとっては、必要かつ十分な内容が負担なく理解できます。改正相続法の内容を短時間で俯瞰するために、本書がお役に立てば幸いです。

　最後に、この本を執筆するにあたり多大なるご協力をいただきました日本加除出版株式会社編集部の方々に、この場を借りて御礼申し上げます。

　平成30年11月

　　　　　　　　　　　　　　司法書士　碓井孝介

図解でわかる　改正相続法入門

目　次

序　章　改正相続法の概要をつかむ

なぜいま相続法の改正なのか …………………………………… 2

改正される７つのテーマとは …………………………………… 4

配偶者の居住の権利　改正テーマ　その１ ………………… 6

遺産分割に関する見直し　改正テーマ　その２ …………… 8

自筆証書遺言が大きく変わる　改正テーマ　その３ ……… 10

遺言執行者の権限が明確に　改正テーマ　その４ ………… 12

遺留分制度の変更点　改正テーマ　その５ ………………… 14

相続の効力等までもが変わる　改正テーマ　その６ ……… 16

相続人以外の者への配慮　改正テーマ　その７ …………… 18

第１章　配偶者を保護するための居住権制度の創設

これまでの相続法では配偶者を守れない？　従来 ………… 22

改正相続法の目玉、配偶者居住権とは　改正法 …………… 24

配偶者居住権は、どのような要件で取得できる？　改正法 … 26

配偶者居住権を取得した場合のその内容　改正法 ………… 28

iii

配偶者居住権が消滅したら 改正法 ……………………… 30

「配偶者短期居住権」、制度創設の背景 従来 ……………… 32

「配偶者短期居住権」とは 〜制度の概要〜 改正法 ………… 34

「配偶者短期居住権」の要件 改正法 ……………………… 36

「配偶者短期居住権」の消滅 改正法 ……………………… 38

第2章　遺産分割の改正点

これまでの「遺産分割」、何が問題？ 従来 ………………… 42

特別受益の持戻し免除の意思表示とは 従来 ……………… 44

持戻し免除の意思表示推定、「要件」とは 改正法 ………… 46

預貯金が遺産分割の対象とされた平成28年の最高裁決定
従来 ……………………………………………………… 48

平成28年最高裁決定の適用範囲と問題点 従来 …………… 50

遺産分割前における預貯金の仮払い制度の創設 改正法 …… 52

家庭裁判所が関与する場合の預貯金の仮払い制度 改正法 … 54

遺産分割前に遺産が処分されたら 従来 …………………… 56

遺産分割前に遺産が処分された場合の新たな規律 改正法 … 58

遺産の一部分割制度の必要性と明文化 改正法 …………… 60

第3章　新しい遺言制度がはじまる

従来の自筆証書遺言の問題点　従来　……………………… 64

自筆証書遺言、法務局での保管制度の創設　改正法………… 66

遺言書保管所における保管等　改正法……………………… 68

関係相続人等による遺言書情報証明書の取得　改正法……… 70

誰でも可能、「遺言書保管事実証明書」の交付請求
改正法……………………………………………………… 72

遺言書保管所での自筆証書遺言の保管の終了事由　改正法… 74

これまでの自筆証書遺言、作成の仕方　従来　……………… 76

「一部手書き以外の自筆証書遺言」が解禁　改正法　………… 78

「遺贈義務者の引渡義務」の改正　改正法　………………… 80

第4章　遺言執行者の権限が明確になる

従来の相続法では、遺言執行者の権限・地位が不明瞭
従来　……………………………………………………… 84

遺言執行者の権限・責務、その地位をより明確に　改正法… 86

遺言執行者による「通知」が明文化　改正法……………… 88

遺言執行者の「復任権」が改められる　改正法…………… 90

「相続させる」旨の遺言での、従来の遺言執行者の権限
従来　……………………………………………………… 92

改正相続法で、遺言執行者の権限が明確に　改正法………… 94

遺贈の履行義務者　改正法 ・・・・・・・・・・・・・・・・・・・・・・・・・・・・・・・・・・ 96

第5章　遺留分制度は、こう変わる

従来の遺留分制度の問題点〜「共有」になる〜　従来 ・・・・・ 100

改正相続法で、「遺留分侵害額請求権」に　改正法 ・・・・・・・・・・ 102

従来の相続法における遺留分侵害額の計算方法　従来 ・・・・・ 104

遺留分侵害額の計算方法がより明確に　改正法 ・・・・・・・・・・・・・ 106

遺留分侵害額計算における従来の「債務」の取扱い
従来 ・・・ 108

遺留分侵害額計算における、これからの「債務」の取扱い
改正法 ・・ 110

第6章　相続の効力等に関する見直し

従来の相続法における共同相続時の「対抗要件」　従来 ・・・・・ 114

改正相続法における共同相続時の「対抗要件」　改正法 ・・・・・ 116

債権を共同相続した場合の「対抗要件」　改正法 ・・・・・・・・・・・ 118

従来の相続法での、「相続分の指定」がある場合の債権者
従来 ・・・ 120

相続分の指定がある場合の債権者の立場が明確に　改正法 ・・・ 122

遺言執行者がいる場合の相続人の行為の効力〜従来〜
従来 ・・・ 124

遺言執行者がいる場合の相続人の行為の効力～改正相続法～
　　改正法 ……………………………………………………… 126

第7章　特別の寄与
　　～相続人以外の者を保護する制度～

従来の相続法における寄与分制度の問題点　　従来 ………… 130

改正相続法により、相続人以外の者の特別の寄与も考慮
　　改正法 ……………………………………………………… 132

著者紹介 ……………………………………………………… 135

判例の表記例

最判平成 8 年 12 月 17 日　←　最高裁判所平成 8 年 12 月 17 日判決

東京高決平成 8 年 8 月 26 日　←　東京高等裁判所平成 8 年 8 月 26 日決定

法律名の表記

法律名を記していない条文は、民法の条文です。

新　○　条→平成 29 年 6 月 2 日法律第 44 号（債権関係）
　　　　　　　平成 30 年 7 月 13 日法律第 72 号（相続関係）

現行○条→平成 16 年 12 月 1 日法律第 147 号
　　　　　　平成 28 年 6 月 7 日法律第 71 号

参考文献

山川一陽・松嶋隆弘編著「相続法改正のポイントと実務への影響」（日本加除出版）

安達敏男・吉川樹士・須田啓介・安重洋介著「相続実務が変わる！　相続法改正ガイドブック」（日本加除出版）

松原正明著「判例先例相続法　Ⅱ」「判例先例相続法　Ⅴ」（日本加除出版）

遠藤常二郎編著「改訂版　遺言実務入門―作成から執行までの道標」（三協法規出版）

民法（相続関係）部会資料

序章

改正相続法の概要
をつかむ

- なぜいま相続法の改正なのか
- 改正される７つのテーマとは
- 配偶者の居住の権利　改正テーマ　その１
- 遺産分割に関する見直し　改正テーマ　その２
- 自筆証書遺言が大きく変わる　改正テーマ　その３
- 遺言執行者の権限が明確に　改正テーマ　その４
- 遺留分制度の変更点　改正テーマ　その５
- 相続の効力等までもが変わる　改正テーマ　その６
- 相続人以外の者への配慮　改正テーマ　その７

なぜいま相続法の改正なのか

　この度の相続法の改正は、昭和55年の改正以来、約40年ぶりの大幅な制度の見直しです。いったいなぜ、平成が終わる頃になって、このような相続法の大改正がなされたのでしょう。

　ここでは相続法改正の経緯から説明します。

▶ 平成25年9月4日の最高裁大法廷の判断が影響

　嫡出でない子の相続分に関する規定（平成25年12月改正前の民法900条4号ただし書によれば、嫡出でない子の相続分は、嫡出である子の相続分の2分の1であった）について、最高裁は違憲であるとの判断を下しました。

　この判断を受け、平成25年12月に、旧900条4号の規定が改正されました。

　このときの国会審議等において、民法改正が及ぼす社会的影響に対する懸念や配偶者の保護の観点から、相続法制の見直しの必要性等についての問題提起がなされ、この度の相続法改正につながりました。

▶ 国会での議案要旨における「改正の意義」

　議案要旨においても、改正の意義が語られています。

　議案要旨によれば「本法律案は、高齢化の進展等の社会経済情勢の変化に鑑み、相続が開始した場合における配偶者の居住の権利及び遺産分割前における預貯金債権の行使に関する規定の新設、自筆証書遺言の方式の緩和、遺留分の減殺請求権の金銭債権化等を行おうとするもの」とされており、現代の日本の状況に対応した相続法制が目指されたのです。

改正相続法[注]の審議経過

平成 27 年 2 月	法務大臣による諮問
平成 27 年 4 月	部会における調査審議開始
平成 28 年 6 月	中間試案（決定）
平成 28 年 7 月〜9 月末日	パブリックコメント（中間試案）
平成 29 年 7 月	追加試案（決定）
平成 29 年 8 月〜9 月 22 日	パブリックコメント（追加試案）
平成 30 年 1 月 16 日	部会（第 26 回会議）における要綱案決定
平成 30 年 2 月 16 日	総会における要綱決定・法務大臣への答申
平成 30 年 6 月 19 日	衆議院本会議において法案の可決
平成 30 年 7 月 6 日	参議院本会議において法案の可決・成立
平成 30 年 7 月 13 日	公布

参考：http://www.moj.go.jp/content/001263586.pdf

（注）以後、本書では、上記の過程で成立した「民法及び家事事件手続法の一部を改正する法律」「法務局における遺言書の保管等に関する法律」のことを、改正相続法（改正法）といいます。

施行日について

　民法及び家事事件手続法の一部を改正する法律は、原則として、2019 年7 月 1 日から施行されます。ただし、自筆証書遺言の方式緩和については、2019 年 1 月 13 日から、また、配偶者の居住の権利については、2020 年4 月 1 日から施行されます。

　法務局における遺言書の保管等に関する法律は、2020 年 7 月 10 日から施行されます。

序　章　改正相続法の概要をつかむ　　3

改正される７つのテーマとは

　この度の相続法の改正は制度の大幅な見直しであり、改正点は多岐にわたります。

　ここでは、改正テーマを７つに分けて整理します。なお、第１章以降はテーマごとの解説であり、各テーマの詳細は次章以降をお読みください。

▶ 改正分野は大きく分けて７つ

　改正テーマは以下の通りです。まったく新しい制度が創設されるものもあれば、これまでの判例を明文化した改正、これまでの取扱いが変更された改正など様々です。

1　配偶者の居住権を保護するための方策
2　遺産分割等に関する見直し
3　遺言制度に関する見直し
4　遺言執行者の権限の明確化
5　遺留分制度に関する見直し
6　相続の効力等に関する見直し
7　相続人以外の者の貢献を考慮するための方策
（注）法務省民事局の資料によると改正テーマは６つに整理されていますが、本書では分かりやすさを重視し、７つとして解説します。

　なお、改正点の詳細な解説は第１章以降に譲りますが、改正の大まかな内容をご理解いただくため、序章では改正点の概要を解説していきます。

4

改正点まとめ

① 配偶者の居住権を保護するための方策 ⇒第1章
1 配偶者居住権の新設 2 配偶者短期居住権の新設

② 遺産分割等に関する見直し ⇒第2章
1 特別受益の持戻し免除の意思表示推定 2 仮払い制度等の創設・要件明確化 3 遺産の分割前に遺産を処分した場合の遺産の範囲

③ 遺言制度に関する見直し ⇒第3章
1 自筆証書遺言の方式緩和 2 法務局における自筆証書遺言の保管制度の創設

④ 遺言執行者の権限等の明確化 ⇒第4章
1 遺言執行者の権限・責務の明確化

⑤ 遺留分制度に関する見直し ⇒第5章
1 遺留分侵害があった場合の権利が金銭債権化 2 遺留分侵害額の計算方法の明確化

⑥ 相続の効力等に関する見直し ⇒第6章
1 法定相続分を超える権利取得の対抗要件 2 相続分の指定がされた場合の相続債権者の立場の明確化

⑦ 相続人以外の者の貢献を考慮するための方策 ⇒第7章
1 相続人以外の被相続人の親族を保護する規定の新設

参考：http://www.moj.go.jp/content/001263586.pdf

配偶者の居住の権利　改正テーマ　その1

　改正の「目玉」ともいえるのが「配偶者相続人の保護」に関する新たな制度の創設です。具体的には、「配偶者居住権」「配偶者短期居住権」を配偶者相続人に認めることで、配偶者相続人が居住建物に引き続き居住することが可能になります。

▶ 終身の間、「配偶者居住権」で居住が可能に

　この権利は、配偶者相続人が被相続人が有していた居住建物の所有権を相続しない場合でも、配偶者相続人が当該居住建物に相続開始時に居住していた場合に一定の要件を満たせば、原則として終身の間、当該居住建物に居住し続けられる権利です（新1028条1項参照）。

　共同相続の場面で、居住建物の所有権を被相続人の子などが相続した場合でも、配偶者居住権があれば、配偶者相続人は原則として終身の間にわたって居住建物に居住が可能であり、さらにはその居住は「無償」です。

▶ 一定期間、居住が認められる「配偶者短期居住権」

　配偶者居住権が認められるためには要件を満たす必要がありますが、仮に配偶者居住権がなくとも、「配偶者短期居住権」があれば、配偶者相続人は一定期間、居住建物に無償で居住することが可能です（新1037条1項参照）。その一定期間とは、配偶者を含む共同相続人間で遺産の分割をすべき場合であれば「遺産の分割により居住建物の帰属が確定した日又は相続開始の時から6か月を経過する日のいずれか遅い日」です。つまりこの権利は、居住建物の所有権を配偶者相続人が相続できなくとも、「一定期間」は居住建物に無償で住むことができ、次の住居を探すための時間的余裕につながるのです。

配偶者の居住権を保護するための新制度

〈事例〉被相続人の相続人は配偶者（相続開始時に遺産たる居住建物に居住していた）と子1人である。遺産分割協議で子が居住建物（の所有権）を相続し、配偶者相続人は当該協議で配偶者居住権を取得した。

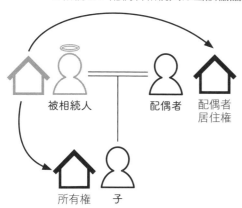

配偶者居住権があれば、配偶者相続人は原則として終身の間、無償で居住建物に住み続けることができる（なお、配偶者居住権は登記することもできる）。

（注）配偶者相続人は、居住建物の所有権を相続していないため、遺産の分割により、その他の預貯金などを相続しやすい状況になり、配偶者保護につながる。

〈事例〉被相続人の相続人は配偶者（相続開始時に遺産たる居住建物に無償で居住していた）と子1人である。遺産分割協議で子が居住建物を相続し、配偶者相続人は預貯金を相続した。配偶者相続人に配偶者居住権はない。

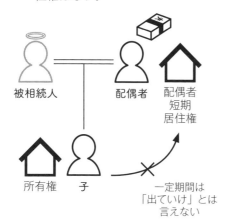

配偶者居住権は遺産の分割などで取得できるものであるが、それがなくとも、配偶者相続人は一定期間の間は配偶者短期居住権に基づいて無償で居住建物を使用できる。

序　章　改正相続法の概要をつかむ　7

遺産分割に関する見直し　　改正テーマ　その2

　改正相続法では、「遺産分割」についても見直しがなされました。主なものとしては、「特別受益の持戻し免除の意思表示推定」「遺産分割前における預貯金の仮払い制度」などが挙げられます。ここでは重要な改正点であるこれらについて概要を説明します。

▶ 特別受益の持戻し免除の意思表示推定

　婚姻期間が20年以上の夫婦の一方である被相続人が、他の一方に対して、その居住建物又はその敷地について遺贈又は贈与をした場合について、当該被相続人は、その遺贈又は贈与について「特別受益の持戻し」の規定を適用しない旨の意思を表示したものと推定されます（新903条4項参照）。

　本来であれば相続人に対する遺贈又は贈与は、他の相続人との関係で「相続の前渡し」と扱われ、相続開始後に遺産分割の場面で「調整（前渡しを受けた相続人は相続時にはその分相続できなくなる調整であり、これが特別受益の持戻し）」がされるところ、配偶者相続人に対する遺贈又は贈与であれば、一定の場合はその調整計算が不要になり、配偶者相続人が遺産分割で有利になります。

▶ 遺産の分割前における預貯金仮払い制度

　平成28年最高裁決定（48頁参照）を踏まえ、遺産の分割前における預貯金仮払い制度が設けられました（新909条の2）。

　改正法では、「相続開始時の預貯金債権額の3分の1に共同相続人の法定相続分を乗じた額」については、遺産の分割前でも各相続人が預貯金債権を行使して、仮払いを受けることができることになり、遺産に頼って生活する相続人等の保護が図られました。

特別受益の持戻しの免除の意思表示推定

〈事例〉被相続人の相続人として、配偶者と子が2人いる。配偶者相続人は生計の資本として被相続人から生前に居住建物（1,000万円）の贈与を受けていた。被相続人の遺産は現金1,000万円である。なお、被相続人と配偶者相続人の婚姻期間は20年以上になる。

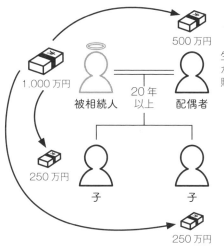

配偶者相続人が贈与を受けた居住建物を相続の前渡しとして扱わない（正確には「特別受益の持戻し計算」をしない）ことで、配偶者相続人が保護される結果となる。

遺産の分割前における預貯金仮払い制度

〈事例〉被相続人の相続人として、子が2人いる。遺産は600万円の預貯金だけであるが、子2人は仲が悪く、遺産の分割がまとまらない。

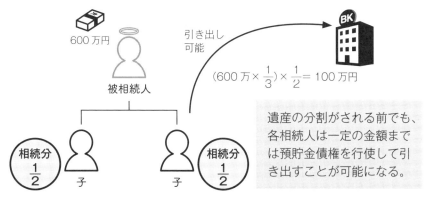

$(600万 \times \frac{1}{3}) \times \frac{1}{2} = 100万円$

遺産の分割がされる前でも、各相続人は一定の金額までは預貯金債権を行使して引き出すことが可能になる。

自筆証書遺言が大きく変わる　改正テーマ　その3

　今回の改正において、自筆証書遺言について、「法務局での保管制度」が創設されました。また、自筆証書遺言ではこれまで「全文」の自書が求められていましたが、一部自書によらない自筆証書遺言が解禁されました。これらの改正によって、自筆証書遺言の利用が拡大することが予想されます。

▶ 法務局で自筆証書遺言を保管

　自筆証書遺言はこれまで遺言者自ら（あるいは近親者）が保管するのが通常で、紛失や盗難などの危険性が常にあったといえます。

　そこで「法務局における遺言書の保管等に関する法律」が制定され、遺言者は、法務大臣に指定された法務局（遺言書保管所）に自らの自筆証書遺言を持ち込み、その保管申請をし、保管をしてもらうことが可能になりました。

　また、この制度を利用した遺言書は家庭裁判所での検認手続が不要になることも、この制度が注目されている理由です。

▶ 一部自書によらない自筆証書遺言の解禁

　従来の相続法においては、自筆証書遺言を作成する場合は「全文」の自書が求められていましたが、改正相続法においては、一部については自書によらない形式を許容しています。改正相続法では、自筆証書に一体のものとして「相続財産の全部又は一部の目録」を添付する場合には、その目録については自書によらないことを認めているのです（新968条2項参照）。

法務局における自筆証書遺言の保管制度

〈事例〉自筆証書による遺言書を作成した者が、遺言書の紛失をおそれ、法務局に遺言書保管の申請をした。

制度利用のメリット
- 紛失や盗難のおそれがない
- 偽造や変造のおそれがない
- 検認の必要がない

一部自書によらない自筆証書遺言

〈事例〉法務太郎は自筆証書による遺言書を作成したいが、高齢であるため全文の自書が難しい。したがって、財産の目録については、自書によらない方法によって自筆証書による遺言をする。

遺言書	別紙一	別紙二
別紙一の不動産を長男に相続させる。 別紙二の預金を二男に相続させる。 平成31年1月10日 法務太郎㊞	所在　文京区本郷一丁目 地番　111番11 地目　宅地 地積　100平方メートル 法務太郎㊞	通帳コピー 法務太郎㊞

序　章　改正相続法の概要をつかむ　11

遺言執行者の権限が明確に　改正テーマ　その4

　従来の相続法では、「遺言執行者は、相続財産の管理その他遺言の執行に必要な一切の行為をする権利義務を有する」と規定されており、具体的に何をどのように行うことができるのか、不明瞭ともいえました。

　新しい相続法では、遺言執行者の責務と権限を明確にする改正がなされ、「遺言執行者制度」が利用しやすくなったといえます。

▶ 遺言執行者の責務と権限

　改正相続法では「遺言執行者は、遺言の内容を実現するため、相続財産の管理その他遺言の執行に必要な一切の行為をする権利義務を有する」と定められ（下線部分が従前の条文に追加）、遺言執行者の責務が「遺言の内容を実現すること」にあることが明確になりました（新1012条1項）。

　これにより、「一切の行為をする」権限とは、遺言の内容を実現するための行為か否かを判断の基準にすればよいと分かります。

▶ 遺言執行者の義務・各権限がより明確に

　改正相続法では、これまで実務上求められていた遺言執行者による相続人への通知義務が明文化されました（新1007条2項）。さらに遺言執行者の復任権についても改正がなされ、原則として遺言執行者の復任権が認められることになりました（新1016条）。

　そして重要なのは、遺産分割の方法の指定として遺産に属する特定の財産を共同相続人の一人又は数人に承継させる旨の遺言（特定財産承継遺言）があった場合の遺言執行者の権限が明確になった点です。当該遺言があった場合、遺言執行者は対抗要件具備行為や預貯金の払戻し請求が可能になると明記されたのです（新1014条2項・3項）。

改正相続法による遺言執行者に関する規定

改正法で用意された規定	内容	備考
通知義務 （新1007条2項）	遺言執行者は遺言の内容を相続人に通知しなければならない	善管注意義務の一環として実務上求められていたことが明文化
対抗要件具備行為・預金の解約払戻しの権限 （新1014条2項・3項）	特定財産承継遺言（前頁参照）があった場合、共同相続人が新899条の2第1項に規定する対抗要件を備えるために必要な行為・預金については解約払戻しを、遺言執行者がすることができる	遺言執行者の権限を明確化し、遺言の執行を容易にする
遺言執行者の復任権 （新1016条）	遺言執行者の復任権は原則あり	従来の相続法では、「原則なし」だったものを実情に合わせて改めた
遺贈の履行に関する権利義務 （新1012条2項）	遺言執行者がいる場合、遺贈の履行は遺言執行者のみが行うことができる	受遺者が遺贈の履行請求をするべき相手は遺言執行者であることが明確になった

これまで分かりにくかった遺言執行者の権利義務を明確にし、さらには遺言執行の実情に合わせた改正を行うことで、遺言執行者制度が利用しやすくなった。

遺留分制度の変更点　　改正テーマ　その5

　改正相続法では、遺留分制度も大きく変わることになりました。改正相続法では「遺留分減殺請求」が「遺留分侵害額請求」と改められ、遺留分権利者は受遺者（受贈者）に対して金銭の支払を請求できるようになったのです。

　また、遺留分侵害額の計算についても、これまで解釈が必要であった部分について、明文化されることになりました。

▶「遺留分侵害額請求」とは

　従来の相続法で認められていた「遺留分減殺請求」は、目的物の返還請求権だといえました。したがって遺留分減殺請求権の行使により、目的物は遺留分権利者と受遺者（受贈者）の共有になることがあったのでした。

　一方、改正相続法では遺留分権利者が行使できるのは受遺者（受贈者）に対する金銭の支払請求権であり、遺留分権利者と受遺者（受贈者）との間で、目的物が共有になるという問題は生じなくなりました。

▶ 遺留分侵害額の計算が明確に

　遺留分侵害額の計算において、これまで解釈が必要であった部分が明文化され、計算がしやすくなりました。

　具体的には、遺留分額の算定において被相続人が相続開始時に有していた財産の価額に加算する「特別受益」について、改正相続法では「相続開始前10年間にした贈与に限る」とされました（新1044条3項）。その他にも負担付贈与、不相当な対価による有償行為などの取扱いについても明文化され、分かりやすくなりました。

遺留分権者の権利が金銭債権化

〈事例〉被相続人には相続人として子が1人いる。被相続人の遺産は甲不動産だけであったが、被相続人は「甲不動産はAに遺贈する」とする遺言書を作成していた。Aは相続人以外の第三者である。

従来の相続法

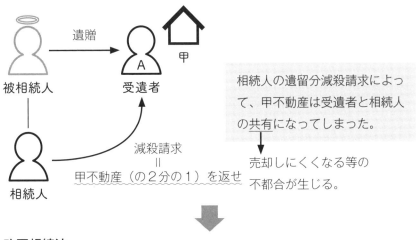

相続人の遺留分減殺請求によって、甲不動産は受遺者と相続人の共有になってしまった。

売却しにくくなる等の不都合が生じる。

改正相続法

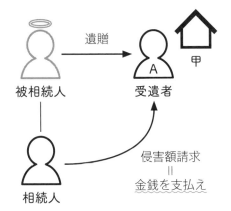

相続人の遺留分侵害額請求によって、受遺者は金銭を支払う義務が生じる。遺留分侵害額請求権は、金銭の支払を請求できる権利であり、甲不動産は共有にならない。

相続の効力等までもが変わる　改正テーマ　その6

　改正相続法では、相続人が法定相続分を超える権利を相続によって承継した場合に、法定相続分を超える当該部分について権利取得を第三者に対抗するには、登記等の対抗要件が必要であることになりました。
　また、相続分の指定があった場合の相続債権者の立場について、判例（最判平成21年3月24日）で示された取扱いが明文化されることになりました。

▶ 改正相続法で、「対抗要件」がより重要に

　改正相続法では、相続により法定相続分を超える権利を承継した者は、取得に至った原因が遺産の分割によるものかどうかにかかわらず、当該超える部分について、「登記等の対抗要件がなければ第三者にその権利取得を対抗できない」と規定されることになりました（新899条の2第1項）。

　取得に至った原因が遺言による相続分の指定や「相続させる」旨の遺言である場合について、これまでの判例では対抗要件がなくても法定相続分を超える権利取得を対抗できるとされていたところ、今後は取扱いが変わります（116頁参照）。

▶ 相続分の指定がなされた場合の相続債権者の立場が明確に

　遺言で相続分の指定がなされた場合の相続債権者の立場は、「最判平成21年3月24日」によれば、①指定相続分に縛られることなく、各相続人に、法定相続分に応じて請求が可能であるが、②相続債務についての相続分の指定の効力を承認し、指定相続分に応じて権利行使することも可能というべき、とされていました。改正相続法では、これが明文化されるに至りました（新902条の2参照）。

法定相続分を超える権利取得の対抗要件

〈事例〉被相続人には相続人として子が2人いる。被相続人は遺言で「甲不動産は長男Aに相続させる」としていた。二男のBはこの遺言の存在と内容を知っていながら法定相続分による相続登記を済ませ、第三者Cに自らの持分を売却した。

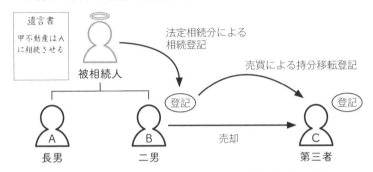

※Aは、法定相続分を超える部分については、登記を備えなければ第三者Cに権利取得を対抗することはできない。
　→従来の相続法では「最判平成14年6月10日」により、Aは登記なくしてCに権利取得を対抗できたが、当該判例における取扱いを改正相続法は明文で変更する。

相続分の指定がなされた場合の相続債権者の立場

〈事例〉被相続人には相続人として子が2人いる。被相続人には借金（1,000万円）があった。被相続人は「債務を含むすべての遺産につき、相続分を長男は3、二男は7と指定する」とする遺言をしていた。

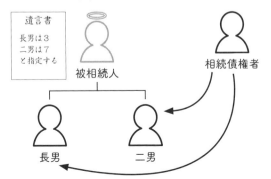

相続債権者は各相続人に法定相続分に応じた請求もできるし、相続分の指定の効力を承認し、それに応じた請求も可能。

序　章　改正相続法の概要をつかむ　　17

相続人以外の者への配慮　改正テーマ　その7

　従来の相続法の規定だけでは、親族間の公平が保てない場面がありました。たとえば被相続人Aの相続人である長男Bの配偶者Cが、被相続人の療養看護などをした場合では、CはAの親族ではあるものの相続人ではないため、C独自の「寄与分」は認められないのです。

　しかしながら、改正相続法では、相続人以外の被相続人の親族の保護を図る制度が創設され、親族間の公平が図られることになるのです。

▶「特別の寄与」がある場合に、親族間の公平を保つための制度

　改正相続法では、無償で被相続人の療養看護等をしたことにより被相続人の財産の維持又は増加について「特別の寄与」をした被相続人の親族（相続人、相続放棄をした者、相続欠格者、被廃除者を除く）は、相続の開始後、相続人に対し、金銭の支払を請求できると規定しています（新1050条1項参照）。

　従来の相続法の時代から「寄与分」制度がありますが、寄与分の主張ができるのは相続人に限られています。相続人の配偶者などが被相続人の療養看護などをいくら行っても、独自の寄与分の主張は認められず、これまでの寄与分制度だけでは親族間に不公平があったといえました。

▶「特別寄与者」と「特別寄与料」

　上記の金銭の支払を請求できる親族のことを「特別寄与者」といい、請求する金銭のことを「特別寄与料」といいます。

　補足ですが、特別の寄与の制度創設に伴い、家庭裁判所における手続規定（管轄等）が設けられました（新家事事件手続法216条の2以下参照）。

特別の寄与をした者の取扱い

〈事例〉被相続人Aには相続人として配偶者、長男Bと二男がいる。長男Bの配偶者Cは、被相続人Aに対して無償で療養看護をしたことにより、被相続人Aの財産の維持又は増加について特別の寄与をしたといえる。

従来の相続法

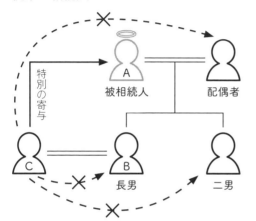

相続人（長男）の配偶者Cが被相続人の財産の維持又は増加について特別の寄与をしても、独自の「寄与分」の主張はできない（つまりCは各相続人に金銭の請求などは不可）。

改正相続法

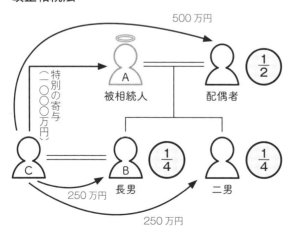

Cは特別寄与者にあたり、C独自の権利として特別寄与料を請求することができる。具体的には、各相続人に、法定相続分に応じた金銭の請求が可能になる。

序　章　改正相続法の概要をつかむ

第1章

配偶者を保護するための
居住権制度の創設

- これまでの相続法では配偶者を守れない？ 従来
- 改正相続法の目玉、配偶者居住権とは 改正法
- 配偶者居住権は、どのような要件で取得できる？ 改正法
- 配偶者居住権を取得した場合のその内容 改正法
- 配偶者居住権が消滅したら 改正法
- 「配偶者短期居住権」、制度創設の背景 従来
- 「配偶者短期居住権」とは ～制度の概要～ 改正法
- 「配偶者短期居住権」の要件 改正法
- 「配偶者短期居住権」の消滅 改正法

これまでの相続法では配偶者を守れない？

　改正相続法において、配偶者相続人を保護するための制度が創設されたことは序章で述べた通りです。
　これは、従来の相続法では配偶者を十分に守ることができないと考えられていたためです。配偶者相続人の法定相続分は他の相続人のそれよりも大きく、既に一定の保護が与えられてはいますが、実は保護は十分ではないのです。

▶ 遺産分割協議で配偶者が取得したい相続財産とは

　共同相続の場合では、各遺産を、誰がどのように承継するのかを話し合う、遺産分割協議が行われるのが通常です。
　配偶者相続人が取得したい相続財産といえば、これまで住み慣れてきた被相続人の「居住建物（家）」でしょう。何より大切なのは生活の本拠となる家なのです。

▶ 家を相続したら今後の生活資金を確保できない？

　配偶者相続人が家を相続することで、ある問題が生じることが多々あります。
　特に東京や大阪などの大都市圏では不動産の評価額が高く、遺産の大部分を不動産が占めることは珍しくありません。その結果、家を相続する配偶者は、家の評価額だけで自らの法定相続分に達してしまう場合も多く、預貯金を（わずかしか）相続できなくなることがあるのです。今後の生活資金を確保する必要のある配偶者相続人にとって、これは大きな問題です。

従来の相続法での問題

〈事例〉被相続人には、配偶者相続人と、子が1人がいる。被相続人の遺産は居住建物（5,000万円）と現預金5,000万円であった。

パターンA：配偶者が居住建物を相続した場合

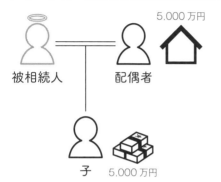

配偶者相続人が家を相続したら、それだけで法定相続分まで達してしまい、現預金を相続できないケースが多い。
これでは、配偶者相続人は、住む場所は確保できても、今後の生活が不安になる。

パターンB：配偶者が預貯金を相続した場合

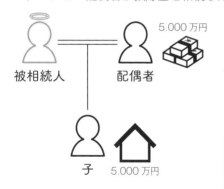

配偶者相続人が現預金を相続すると、家を相続できない（ことがある）。
本件であれば配偶者相続人の法定相続分は2分の1であるため、現預金の全額を相続すると、居住建物は子どもの協力がなければ相続できず、生活の本拠を失うことになる。

改正法

改正相続法の目玉、配偶者居住権とは

　　配偶者相続人を守るための制度として導入されるのが、「配偶者居住権」^(注)です。改正相続法は、居住建物の所有権を相続しない配偶者相続人に「配偶者居住権」を認め、原則として終身の間、無償で生存配偶者が自宅に居住することを認めたのです。

▶ 配偶者居住権を簡単に説明すると

　　この権利は、共同相続の場合に、配偶者相続人が居住建物の所有権を相続しない場合でも、原則として終身の間、家に居住し続けられる賃借権に類似した権利です（新 1028 条以下）。配偶者居住権は、遺産分割や遺言による定め（遺贈）、あるいは家庭裁判所の審判によって、配偶者相続人が取得することが可能です。「遺言」でも取得させることが可能なため、生前対策としても活用できる権利です。

▶ 配偶者居住権の創設の背景は

　　制度が創設されるに至った経緯としては、フランス民法に類似の制度があること、さらには我が国の判例（最判平成 8 年 12 月 17 日）があることを見逃せません。

　　フランス民法では、生存配偶者に住居に対する終身の居住権及び住居に備え付けられた動産の使用権が認められています。また、「最判平成 8 年 12 月 17 日」においても、遺産分割協議が終わるまでの間ではあるものの、被相続人と同居していた相続人に使用貸借関係を認めたものがあり、同居の相続人を保護する姿勢が以前から見られたのです。

（注）配偶者居住権は後述する配偶者短期居住権よりも通常は長く認められる権利であるため、法制審議会の民法（相続関係）部会では「長期居住権」と呼ばれていましたが、「配偶者居住権」と名称が改められました。

24

配偶者居住権の概要

〈事例〉被相続人には、配偶者相続人と、子が1人がいる。被相続人の遺産は居住建物（5,000万円）と現預金5,000万円であった。

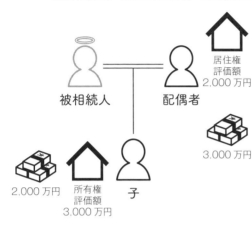

配偶者相続人が遺産分割により配偶者居住権を取得した場合、当該権利は相続財産となり、配偶者は自己の具体的相続分から配偶者居住権の財産評価額を控除した残額を相続する。
配偶者相続人が居住建物の所有権を相続する場合に比べ、より多くの現預金等を相続できる状態になる。

> 参考　最判平成8年12月17日：共同相続人の一人が相続開始前から被相続人の許諾を得て遺産である建物において被相続人と同居してきたときは、特段の事情のない限り、被相続人と右同居の相続人との間において、被相続人が死亡し相続が開始した後も、遺産分割により右建物の所有関係が最終的に確定するまでの間は、引き続き右同居の相続人にこれを無償で使用させる旨の合意があったものと推認されるのであって、被相続人が死亡した場合は、この時から少なくとも遺産分割終了までの間は、被相続人の地位を承継した他の相続人等が貸主となり、右同居の相続人を借主とする右建物の使用貸借契約関係が存続することになるものというべきである。

> 改正法

配偶者居住権は、どのような要件で取得できる？

　　配偶者居住権は、当然に配偶者相続人に認められるわけではありません。要件を満たした場合に、配偶者相続人が取得できる特別な権利なのです。

▶ 配偶者居住権、３つの取得方法

　　配偶者居住権は、配偶者相続人が相続開始の時に被相続人の遺産たる建物に居住していた場合に、次の３つのいずれかの方法で取得できます（新 1028 条 1 項各号、新 1029 条）。共同相続人、被相続人又は家庭裁判所のいずれかの判断で、当該権利を取得できるのです。

1　　遺産の分割で取得する方法
2　　遺言で、配偶者居住権を遺贈の目的とする方法
3　　家庭裁判所の審判による方法

▶ こんなときは配偶者居住権の取得は不可

　　被相続人が相続開始時に居住建物を配偶者以外の者と共有していた場合は、配偶者相続人は配偶者居住権を取得できません（新 1028 条 1 項ただし書）。もしこれを認めれば、遺言や遺産の分割などにまったく関係のない（被相続人と建物を共有していた）第三者に、配偶者相続人による無償の居住を受忍するという過大な負担をかけるためです。

　　また、家庭裁判所に配偶者居住権を取得したい旨を配偶者相続人が申し出ても「居住建物の所有者の受ける不利益の程度を考慮して」、配偶者居住権が認められないこともある点には注意が必要です（新 1029 条 2号）。

遺産の分割で取得する

遺贈で取得する

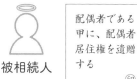

※配偶者居住権は相続財産の一部となります。したがって配偶者相続人は、自己の相続分から配偶者居住権の財産評価額を控除した残額についての財産を取得することになります。しかしながら配偶者居住権が遺贈された場合は、新903条4項により、20年以上の婚姻期間があるのであれば、特別受益の持戻し免除の意思表示推定が働くことがあります（新1028条3項、第2章参照）。

家庭裁判所の審判で取得する

配偶者に対し、配偶者居住権を設定する

※家庭裁判所が配偶者居住権の取得を定めることができるのは、次に掲げる場合に限る（新1029条各号）。
①共同相続人間に配偶者が配偶者居住権を取得することについて合意が成立しているとき。
②配偶者が家庭裁判所に対して配偶者居住権の取得を希望する旨を申し出た場合において、居住建物の所有者の受ける不利益の程度を考慮してもなお配偶者の生活を維持するために特に必要があると認めるとき。

改正法

配偶者居住権を取得した場合のその内容

　配偶者居住権は、実際にどのような内容の権利なのでしょうか。所有権、賃借権、使用借権などの権利とは、どのような点が異なるのでしょう。配偶者居住権の内容（効力等）について、ここで解説します。

▶ 配偶者居住権の存続期間・有償無償の別

　この権利の存続期間は、原則として配偶者の終身の間ですが、遺産分割協議、遺言、家庭裁判所の審判において別段の定めがされる場合があります（新1030条）。

　また、配偶者居住権を有している場合、配偶者相続人は無償で居住建物を使用・収益することが可能です。

▶ 配偶者居住権の登記

　配偶者居住権は、登記することが可能であり、居住建物の所有者は配偶者相続人に対し、配偶者居住権の設定登記を備えさせる義務を負います（新1031条、新不動産登記法3条9号参照）。登記を備えれば、配偶者居住権を第三者にも対抗することができることになります（賃借権とは異なり、配偶者居住権は対抗要件を登記のみとし、建物の占有をもって対抗要件とはしていません。（中間試案補足説明10頁参照））。

▶ 配偶者の使用・収益

　配偶者は、従前の用法に従い善良な管理者の注意をもって、居住建物を使用・収益しなければいけません（新1032条1項）。

　また、配偶者居住権は譲渡することができません。配偶者という立場で認められた特別な権利であるためです（新1032条2項。※後述する配偶者短期居住権も同様）。

配偶者居住権の内容その他

増改築、使用・収益

①居住建物の改築・増築、第三者への使用・収益	配偶者は、居住建物の所有者の承諾を得なければ、居住建物の改築・増築、第三者に使用・収益させることはできません（新1032条3項）。
②配偶者が居住建物所有者の承諾なく上記①の行為をした場合、使用・収益において用法遵守義務違反があった場合	居住建物の所有者が相当の期間を定めてその是正の勧告をし、その期間内に是正がされないときは、居住建物の所有者は、当該配偶者に対する意思表示によって配偶者居住権を消滅させることができます（新1032条4項）。

居住建物の修繕

①配偶者による修繕	配偶者は、居住建物の使用・収益に必要な修繕をすることができます（新1033条1項）。
②所有者による修繕	居住建物の修繕が必要な場合において、配偶者が相当の期間内に必要な修繕をしないときは、居住建物の所有者は、その修繕をすることができます（新1033条2項）。
③配偶者による通知	居住建物の修繕が必要なとき（上記①により配偶者が自らその修繕をするときを除く）、又は居住建物について権利を主張する者があるときは、配偶者は、居住建物の所有者に対し、遅滞なくその旨の通知をしなければなりません（新1033条3項）。

費用負担

①必要費	配偶者は、居住建物の通常の必要費（固定資産税など）を負担します（新1034条1項）。
②必要費以外の費用	民法583条2項の規定は、通常の必要費以外の費用について準用されます（新1034条2項）

改正法

配偶者居住権が消滅したら

　　存続期間の満了や配偶者居住権を有する配偶者相続人の死亡により、配偶者居住権は消滅します。遺言や家庭裁判所の判断によっては、配偶者相続人が死亡するよりも前に、配偶者居住権は消滅することがあります。ここでは、配偶者居住権の消滅について解説します。

▶ 配偶者居住権が消滅したら「居住建物の返還」だが……

　配偶者居住権が消滅したら、配偶者相続人は居住建物を返還しなければなりません（新1035条1項）。しかしながら、配偶者相続人が居住建物について共有持分を有する場合は、居住建物の所有者は、配偶者居住権が消滅したことを理由としては、居住建物の返還を求めることはできません（新1035条1項ただし書）。共有持分の過半数を超える者であっても、共有物を単独で占有する他の共有者に対し、当然には、その占有する共有物の明渡しを請求することができないためです（最判昭和41年5月19日）。

▶ 配偶者による附属物、損傷

　配偶者居住権が消滅し居住建物を返還するときは、相続の開始後、居住建物に附属させた物がある場合において、配偶者相続人はその附属させた物を収去する義務を負います（新1035条2項、新599条1項参照）。

　配偶者居住権が消滅し居住建物を返還するときは、相続開始後に居住建物に生じた損傷がある場合は、配偶者相続人はその損傷を原状に復する義務を負います（新1035条2項、新621条参照）。

▶ 居住建物が配偶者の財産になっても……

　居住建物が配偶者の財産になっても、他の者が居住建物の共有持分権を有するときは、配偶者居住権は消滅しません（新1028条2項）。

配偶者居住権の消滅事由

①存続期間の満了	配偶者居住権の存続期間が定められていた場合、当該期間の満了により、配偶者居住権は消滅します（新1036条、新597条1項参照）。
②配偶者相続人の死亡	配偶者相続人が死亡した場合、存続期間の満了前であっても配偶者居住権は消滅します（新1036条、新597条3項参照）。
③配偶者相続人による用法遵守義務違反	配偶者相続人は、従来の用法に従い、善良な管理者の注意をもって、居住建物を使用・収益する義務がありますが、当該義務違反があれば居住建物の所有者の催告を経て、配偶者居住権は消滅します（新1032条4項）。
④配偶者相続人の無許可増改築・第三者使用収益	配偶者相続人は、居住建物の所有者の承諾を得なければ、居住建物の増改築だけでなく、第三者に使用・収益をさせることができません。それらを所有者の承諾なくして行うと、居住建物の所有者の催告を経て、配偶者居住権は消滅します（新1032条4項）。
⑤居住建物の全部滅失	居住建物の全部が滅失その他の事由により使用収益をすることができなくなった場合には、配偶者居住権は消滅します（新1036条、新616条の2参照）。

損害賠償及び費用の償還の請求権についての期間の制限

①配偶者相続人による用法遵守義務違反、無許可の増改築・第三者使用収益	左記による損害の賠償及び配偶者相続人が支出した費用の償還は、居住建物の返還から1年以内に請求しなければいけません（新1036条、新600条1項参照）。
②上記①の損害賠償請求権の時効	上記①の損害賠償の請求権については、居住建物の返還から1年を経過するまでの間は、時効は完成しません（新1036条、新600条2項参照）。

「配偶者短期居住権」、制度創設の背景

　配偶者相続人を保護するため、改正相続法では配偶者居住権以外にも、「配偶者短期居住権」が創設されました。
　ここでは「配偶者短期居住権がなければ配偶者相続人がどうなるのか」という視点から、「配偶者短期居住権」の必要性を説明します。

▶ 共同相続の場合に、配偶者相続人は居住建物を無償で使える?

　被相続人の遺産である建物に、これまで無償で居住（多くは被相続人と同居）していた配偶者相続人は、相続開始後は、勝手にその建物に無償で住み続けられないとも考えられます。相続の開始により、建物は相続人の共有になるため、配偶者相続人は他の相続人の同意を得て、他の相続人の相続分に相当するだけの家賃を払わなければ、居住を続けられないとも考えられるのです。

▶ 最判平成8年12月17日の落とし穴

　上記の場面であっても、被相続人と同居していた配偶者相続人は、前述した平成8年12月17日の判例（24頁参照）の考え方によれば、遺産の分割が成立するまでの間、無償でその建物を使用することが可能です。しかしながら、当該判例は被相続人が配偶者にこれまで無償で建物を使用させていた意思を尊重したものに過ぎず、「特段の事情」があれば、配偶者は保護されません。
　また、遺贈で建物所有権を取得した者がいる場合については、そもそもこの判例の考え方では配偶者相続人を保護することはできません。
　そこで「配偶者短期居住権」が創設され、一定期間は、配偶者相続人が無償で居住建物を使用できる権利が認められるに至ったのです。

従来の相続法の問題点

〈事例〉被相続人には配偶者以外に、前妻との間に子が1人いる。配偶者相続人と子が対立関係になってしまった。

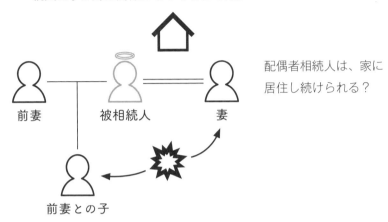

配偶者相続人は、家に居住し続けられる？

※最判平成8年12月17日の考え方によれば、被相続人の許諾のもと被相続人と同居していた配偶者相続人は、遺産の分割が成立するまでは、被相続人の遺産である居住建物に無償で住み続けられるのが原則である。

〈事例〉被相続人は配偶者以外の第三者Zに建物を遺贈した。

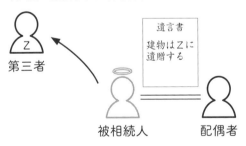

※被相続人が、自らの相続が開始した後は配偶者相続人に無償で居住建物を使用させない意思を示していた場合や、建物を第三者に遺贈する場合がある。最判平成8年12月17日の考え方によれば、そのような場合は、相続開始直後から、配偶者相続人は無償で居住建物を使用する根拠がなくなってしまう。

第1章 配偶者を保護するための居住権制度の創設　33

改正法

「配偶者短期居住権」とは 〜制度の概要〜

　配偶者相続人が配偶者短期居住権を有することになれば、その効果として、どのようなことが認められるのでしょう。ここでは、配偶者短期居住権の内容について解説します。

▶ 一定期間、配偶者相続人は居住建物を「無償」で使用できる

　配偶者短期居住権が認められたら、配偶者相続人は居住建物を無償で使用することが可能です（新1037条1項参照）。

　配偶者居住権との大きな違いは、配偶者短期居住権は終身の権利ではなく、「一定期間」（次頁参照）しか認められないという点です。また、認められるのは「使用」であり収益は認められない点も、配偶者居住権との違いです。

▶ 配偶者短期居住権に基づく使用

　配偶者短期居住権を取得した配偶者相続人は、従前の用法に従い、善良な管理者の注意をもって、居住建物を使用しなければなりません（新1038条1項）。また、配偶者相続人は、居住建物取得者の承諾を得なければ、第三者に居住建物を使用させることができません（新1038条2項）。

▶ 配偶者短期居住権は使用借権類似の権利

　配偶者短期居住権は、借主が物を無償で借りて使用する「使用貸借」に類似しているといわれています（配偶者居住権は賃貸借に類似する権利といわれています）。使用貸借類似の性質から、配偶者居住権と異なり、第三者対抗力は認められていません。

配偶者短期居住権の概要

〈事例〉被相続人には、相続人として、生前に遺産たる居住建物に無償で同居していた配偶者と、別居の子がいる。遺産分割協議は相続開始後すぐにまとまり、居住建物は子が相続することになった。遺産は居住建物と預貯金のみであった。

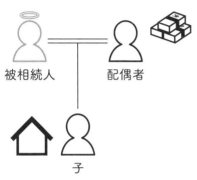

- 早々に遺産の分割が成立し、配偶者相続人が建物を相続しなくとも、一定期間（下記の期間）の間は無償で居住し続けられる「権利（配偶者短期居住権）」が認められる。
- この配偶者短期居住権は相続財産ではなく、配偶者相続人の具体的相続分から控除しない。

※一定期間とは（新1037条1項各号）

それぞれ下記にある日までの間	
①居住建物について配偶者を含む共同相続人間で遺産の分割をすべき場合	遺産の分割により居住建物の帰属が確定した日又は相続開始の時から6か月を経過する日のいずれか遅い日
②上記①以外の場合	上記①の場合を除くほか、居住建物取得者は、いつでも配偶者短期居住権の消滅の申入れをすることができ、その申入れの日から6か月を経過する日

※使用貸借等の規定で配偶者短期居住権に準用されるもの（新1041条）

準用条文	新597条3項、新600条、新616条の2、新1032条2項、新1033条、新1034条

改正法

「配偶者短期居住権」の要件

　配偶者短期居住権は、要件を満たして初めて認められるものです。ここでは、その要件を確認しましょう。

▶ 重要な要件は2点

　配偶者短期居住権が認められるためには、以下の2つの要件を満たす必要があります（新1037条1項）。

1　配偶者相続人が居住していた建物が、被相続人の遺産であること
2　当該建物に配偶者相続人が相続開始時に無償で居住していたこと

　たとえば、夫の遺産である建物に夫と（無償で）同居していた妻は、配偶者短期居住権を取得します。

▶ 要件を満たしているように見えても……

　上記2つの要件を満たしていても、下記の場合は配偶者短期居住権は認められません（新1037条1項ただし書）。

- 配偶者相続人が居住建物に係る配偶者居住権を取得したとき
  ※配偶者居住権によって、配偶者をより保護できるため
- 配偶者相続人に相続欠格事由がある場合
- 配偶者相続人が廃除された場合

配偶者短期居住権と配偶者居住権の違い

要件の比較	
配偶者短期居住権	配偶者居住権
1：配偶者相続人が居住していた建物が、被相続人の遺産であること and 2：当該建物に配偶者相続人が相続開始時に無償で居住していたこと	前提：配偶者相続人が、被相続人の遺産である建物に相続開始時に居住していたこと。 1、遺産の分割で取得する or 2、遺言で、配偶者居住権を遺贈の目的とする or 3、家庭裁判所の審判がある
要件を満たせば自動的に権利が発生	被相続人や相続人の意思、家庭裁判所の関与があって初めて権利が認められる

効果の比較	
配偶者短期居住権	配偶者居住権
1：認められるのは居住建物の使用のみ	1：認められるのは居住建物の使用収益
2：無償での居住が認められるのは一定期間に限る	2：原則として、配偶者相続人の終身の間、無償で居住が認められる
3：使用借権に類似の権利であり、第三者対抗力は認められていない	3：賃借権に類似の権利であり、登記をすることで第三者に対抗できる

改正法

「配偶者短期居住権」の消滅

　　配偶者短期居住権は、一定の場合には消滅します。35頁で述べた期間の経過だけでなく、他にも消滅事由があるのです。

　　ここでは、配偶者短期居住権の消滅事由と消滅した場合の対応について解説します。

▶ 配偶者短期居住権の消滅事由

下記のいずれかに該当すると、配偶者短期居住権は消滅します。

1　一定期間の経過（35頁）

2　配偶者相続人の用法遵守義務違反、承諾なくして第三者に使用させた場合における、居住建物取得者による権利消滅の意思表示（新1038条3項）

3　配偶者相続人が「配偶者居住権」を取得（新1039条）

4　配偶者相続人の死亡（新1041条、新597条3項参照）

5　居住建物の全部が滅失等により使用が不可能になる（新1041条、新616条の2参照）

▶ 配偶者短期居住権が消滅したら

　　権利が消滅したら、居住建物取得者に建物を返還しなければいけません（配偶者居住権を取得した配偶者相続人については返還は不要です）。

　　注意が必要なのは、配偶者が居住建物について共有持分を有する場合は、居住建物取得者は、配偶者短期居住権が消滅したことを理由としては、居住建物の返還を求めることができない点です（新1040条1項）。

配偶者居住権の消滅

〈事例〉被相続人には配偶者と子1人がいた。しかしながら被相続人は生前に遺言を作成しており、そのなかには「居住建物は第三者Zに遺贈する」と記載されていた。相続開始後、配偶者相続人はZから配偶者短期居住権の消滅申入れを受けた。

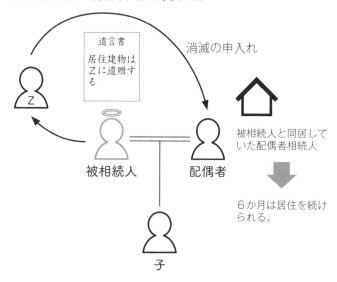

※準用条文

建物返還時の取扱いで準用されるもの（新1040条2項）	
配偶者相続人の収去義務	配偶者相続人は、相続開始後に居住建物に附属させた物がある場合において、原則として当該物を収去する義務を負います（新599条1項参照）。
配偶者相続人の収去権	配偶者相続人は、相続開始後に居住建物に附属させた物を収去することができます（新599条2項参照）。
配偶者相続人の原状回復義務	配偶者相続人は、相続開始後に居住建物に生じた損傷がある場合は、原則としてその損傷を原状に復する義務を負います（新621条）。

第1章・参考条文（改正後）

（配偶者居住権）

第1028条 被相続人の配偶者（以下この章において単に「配偶者」という。）は、被相続人の財産に属した建物に相続開始の時に居住していた場合において、次の各号のいずれかに該当するときは、その居住していた建物（以下この節において「居住建物」という。）の全部について無償で使用及び収益をする権利（以下この章において「配偶者居住権」という。）を取得する。ただし、被相続人が相続開始の時に居住建物を配偶者以外の者と共有していた場合にあっては、この限りでない。

一　遺産の分割によって配偶者居住権を取得するものとされたとき。

二　配偶者居住権が遺贈の目的とされたとき。

2　居住建物が配偶者の財産に属することとなった場合であっても、他の者がその共有持分を有するときは、配偶者居住権は、消滅しない。

3　第903条第4項の規定は、配偶者居住権の遺贈について準用する。

（配偶者短期居住権）

第1037条 配偶者は、被相続人の財産に属した建物に相続開始の時に無償で居住していた場合には、次の各号に掲げる区分に応じてそれぞれ当該各号に定める日までの間、その居住していた建物（以下この節において「居住建物」という。）の所有権を相続又は遺贈により取得した者（以下この節において「居住建物取得者」という。）に対し、居住建物について無償で使用する権利（居住建物の一部のみを無償で使用していた場合にあっては、その部分について無償で使用する権利。以下この節において「配偶者短期居住権」という。）を有する。ただし、配偶者が、相続開始の時において居住建物に係る配偶者居住権を取得したとき、又は第891条の規定に該当し若しくは廃除によってその相続権を失ったときは、この限りでない。

一　居住建物について配偶者を含む共同相続人間で遺産の分割をすべき場合　遺産の分割により居住建物の帰属が確定した日又は相続開始の時から6箇月を経過する日のいずれか遅い日

二　前号に掲げる場合以外の場合　第3項の申入れの日から6箇月を経過する日

2　前項本文の場合においては、居住建物取得者は、第三者に対する居住建物の譲渡その他の方法により配偶者の居住建物の使用を妨げてはならない。

3　居住建物取得者は、第1項第1号に掲げる場合を除くほか、いつでも配偶者短期居住権の消滅の申入れをすることができる。

第**2**章

遺産分割の改正点

- これまでの「遺産分割」、何が問題？　従来
- 特別受益の持戻し免除の意思表示とは　従来
- 持戻し免除の意思表示推定、「要件」とは　改正法
- 預貯金が遺産分割の対象とされた平成 28 年の最高裁決定　従来
- 平成 28 年最高裁決定の適用範囲と問題点　従来
- 遺産分割前における預貯金の仮払い制度の創設　改正法
- 家庭裁判所が関与する場合の預貯金の仮払い制度　改正法
- 遺産分割前に遺産が処分されたら　従来
- 遺産分割前に遺産が処分された場合の新たな規律　改正法
- 遺産の一部分割制度の必要性と明文化　改正法

これまでの「遺産分割」、何が問題？

　改正相続法では、遺産分割に関する規律の改正もなされました。従来の遺産分割制度には「問題」があり、内容の見直しが図られたのです。
　その問題とは様々ありますが、これまでの遺産分割制度では「配偶者を十分に保護できないこと」がまず挙げられます。

▶ 遺産のほとんどが「居住用不動産」の場合

　遺産の内容が、居住用不動産（自宅）とわずかな預貯金しかない状況で遺産分割を行うと、配偶者相続人は自宅の所有権を取得できないことがあることは既に述べた通りです。配偶者居住権は遺言等があって初めて取得できるため、配偶者相続人は当該権利も取得できず、生活の本拠を失う可能性があるのです。

▶ 配偶者相続人の法定相続分の引き上げには反対多数……

　配偶者相続人を保護するために、配偶者相続人の法定相続分の引き上げも改正過程で検討されました。
　しかしながら多くの反対にあってこれは頓挫しました。国民は、既に配偶者相続人の法定相続分は十分だと感じているのかもしれません。

▶ 登場したのが、「特別受益の持戻しの免除の意思表示推定」

　改正相続法では、被相続人が一定の要件を具備した配偶者相続人に、居住用不動産を遺贈又は贈与したときは、その遺贈又は贈与について、特別受益の「持戻し計算」を免除する意思表示があったと推定されます。この結果、配偶者相続人が保護されることになるのです（詳しくは44頁を参照）。

これまでの遺産相続における問題点

〈事例〉被相続人には配偶者と子が2人いる。遺産は居住用不動産（3,000万円）と預貯金（6,000万円）であった。遺産分割協議の結果、配偶者は預貯金3,000万円を、長男は居住用不動産（3,000万円）を、長女は預貯金3,000万円をそれぞれ相続することになった。

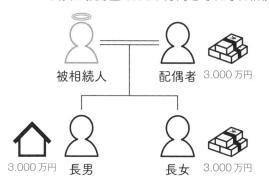

預貯金を相続した配偶者相続人は、居住用不動産を相続できなかった。

配偶者居住権は、遺産の分割、遺贈又は家庭裁判所の審判がないと取得できない。仮に配偶者短期居住権があったとしても、配偶者相続人は一定期間しか無償での居住が許されず、不動産以外（預貯金）の相続を優先した結果、生活の本拠を失ってしまう。

配偶者相続人に、居住用不動産とそれ以外の遺産（預貯金など）の大部分を残せる制度が必要。

「特別受益の持戻しの免除の意思表示推定」制度の創設へ

特別受益の持戻し免除の意思表示とは

　「特別受益」があった場合に、それを無視して法定相続分を基準として遺産の分割をするのは相続人間で不公平だといえます。この不公平を解消するのが「特別受益の持戻し」であり、特別受益分を相続財産に（計算上）戻し、不公平が生じないように調整するのです。

　持戻しの免除とは、被相続人の意思表示で、そのような計算をしないことを意味します（相続人間の不公平をある意味において認める結果になります）。そして改正相続法では、「一定の場合」には、この意思表示があったと「推定」されるのです。

▶特別受益における「持戻し」について、もっと詳しく

　特別受益とは、共同相続人の誰かが、被相続人から受けた遺贈又は贈与（婚姻若しくは養子縁組のため若しくは生計の資本としてのもの）のことを意味します（現行903条1項参照）。

　特別受益にあたる贈与があれば、それが相続財産の「前渡し」だと扱われます。具体的相続分の計算時に、被相続人が相続開始時に有した財産の価額に、その特別受益の価額をも加えたものが相続財産とみなされるのです。そして通常の方法で算定した相続分のなかから、その遺贈又は贈与の価額を控除した残額が、特別受益者の相続分となります（持戻しの計算）。

▶持戻しの免除には、原則として「意思表示」が必要

　上記にある持戻しを免除するためには、原則として被相続人の意思表示が必要です。しかしながら改正相続法によると、「一定の要件」を満たした配偶者相続人については、被相続人のその意思表示があったものと推定され、配偶者相続人が保護されることになります。

特別受益者がいる場合の計算の具体例

〈事例〉被相続人には配偶者と子が2人いる。被相続人の遺産としては預貯金（6,000万円）があるが、もともとは居住用不動産（贈与時の価額は3,000万円、相続時の価額も3,000万円）も有していた。被相続人は、当該居住用不動産を配偶者に生計の資本として贈与していた。

●持戻しを行う場合

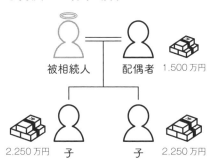

みなし相続財産
預貯金6,000万円＋贈与不動産3,000万円＝9,000万円

配偶者相続人の取得額
（9,000万円×$\frac{1}{2}$）－特別受益3,000万円＝1,500万円

子の取得額
9,000万円×$\frac{1}{4}$＝2,250万円
9,000万円×$\frac{1}{4}$＝2,250万円

●持戻しの免除の意思表示がある場合

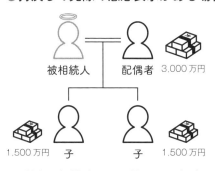

相続財産
預貯金6,000万円

配偶者相続人の取得額
6,000万円×$\frac{1}{2}$＝3,000万円

子の取得額
6,000万円×$\frac{1}{4}$＝1,500万円
6,000万円×$\frac{1}{4}$＝1,500万円

※従来の相続法では、持戻しの免除をする場合は、被相続人の意思表示が必要

（注）事例を単純化するため、遺留分についてはここでは考慮していません（現行903条3項参照）

改正法

持戻し免除の意思表示推定、「要件」とは

　改正相続法では、配偶者相続人に特別受益があった場合、一定の要件
があれば「持戻し免除の意思表示推定」がなされます。持戻しの計算が
免除されるということは配偶者相続人に有利な（つまり、他の相続人に
は不利な）遺産の承継が許容されることであり、配偶者相続人が保護さ
れる結果になります。

　ここで、その「一定の要件」を解説します。

▶ ３つの要件

　以下の３つの要件を満たした場合のみ、持戻しの免除の意思表示が推
定されます（新903条4項）。以下のような要件を満たす場合、その遺贈
又は贈与は、配偶者の長期間の貢献に報いるため、あるいは老後の生活
保障のためと通常考えられることから、持戻しの免除の意思を法律上推
定し、特に高齢配偶者を保護しようとしたのです。

1　夫婦の一方である被相続人が、他の一方に対してする遺贈又は贈与
2　上記「1」の夫婦の婚姻期間が20年以上にわたる（次頁の注参照）
3　遺贈又は贈与の対象物が、居住の用に供する建物又はその敷地

▶ 「推定」に過ぎない点には要注意

　推定は、「みなす」とは異なり、反対の証拠があれば覆ることになり
ます。したがって、被相続人が持戻しを求める意思表示をしていた場合
は、持戻しの計算をした上で遺産の分割をすることになります。

持戻しの免除の意思表示推定

〈事例〉婚姻期間が30年になる夫婦の一方である夫が妻に、自宅の土地・建物（土地と建物の合計で贈与時も相続時も価額は5,000万円）を贈与して、その後死亡した。遺産は預貯金6,000万円。

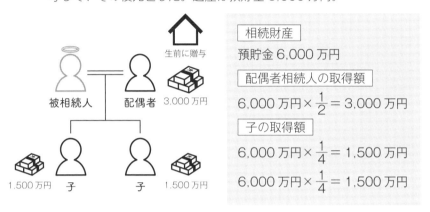

ポイント

従来の相続法では持戻しの免除は、被相続人の意思表示が必要であったところ、改正相続法ではそれがなくても要件を満たせば推定される（従来の相続法下でも、暗黙のうちの持戻し免除の意思表示を認めた決定（東京高決平成8年8月26日参照）があるが、今後は意思表示が条文で推定されるため、配偶者相続人が保護されやすくなった）。

（注）婚姻と離婚を繰り返した場合の婚姻期間20年の算定方法は、解釈に委ねられるものの、相続税法の特例における考え方が参考になります。すなわち、相続税法施行令4条の6第2項は、「配偶者でなかった期間がある場合には、当該配偶者でなかった期間を除く」としていることから、婚姻と離婚を繰り返した場合には、配偶者であった期間を通算するとしています。

預貯金が遺産分割の対象とされた平成28年の最高裁決定

　当初の相続法改正の検討作業のなかでは、預貯金債権（可分債権）を遺産分割の対象とし、預貯金債権が「相続の開始と同時に当然に（各相続人の法定相続分に従って）分割承継される」という従来の取扱いを変えるべきとの議論がありました。

　しかしながら最高裁の決定（以下、「平成28年最高裁決定」といいます）が登場したことで、この取扱いが事実上確立されたため、この新たな取扱いの条文化は見送られる運びになりました。改正相続法に関係する平成28年最高裁決定について、ここで解説します。

▶ 「可分債権」は、相続開始と同時に当然分割

　前述のように、従来であれば、預貯金債権などの可分債権一般について「相続開始時に（相続人に）当然に分割承継される」とされていました（最判昭和29年4月8日）。預貯金債権も、相続人全員の同意がなければ遺産分割の対象にならず、相続開始時に法定相続分に応じて各相続人に分割承継されることになっていたのです。

▶ 平成28年最高裁決定の登場の経緯

　従前の取扱いによると、寄与分や特別受益が認められる場合に、相続人全員の合意がなければ、預貯金債権を遺産の分割の場でそれらの調整に活用することが難しいのが現実でした。

　また、国民一般の間では、預貯金は現金とほぼ同じであり、話し合い（遺産分割協議）などで分けるのが通常だといえます。

　このような事情を受けて、預貯金債権も遺産分割の対象になると判断したのが、平成28年最高裁決定です。

遺産分割における預貯金の機能

〈事例〉被相続人には既に配偶者はなく、子が3人いる。そのなかの長女は被相続人の療養看護に努め、被相続人の財産の維持について特別の寄与をしたといえる。被相続人の遺産は5,500万円の預貯金のみである。

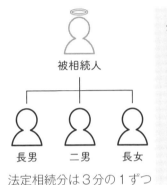

法定相続分は3分の1ずつ

長女の寄与分を1,000万円とすると、
長男 $(5,500-1,000) \times \frac{1}{3} = 1,500$万円
二男 $(5,500-1,000) \times \frac{1}{3} = 1,500$万円
長女 $(5,500-1,000) \times \frac{1}{3} + 1,000$
$= 2,500$万円

※寄与分や特別受益がある場合は特に、預貯金は遺産分割で調整に使いやすい。

※平成28年最高裁決定で預貯金債権が遺産分割の対象とされるにあたり、下記のことが決定の理由で述べられています。この理由により、預貯金債権が遺産の分割対象になるとの判断がなされました。

平成28年最高裁決定（平成28年12月19日）の理由

「遺産分割の仕組みは、被相続人の権利義務の承継に当たり共同相続人間の実質的公平を図ることを旨とするものであることから、一般的には、遺産分割においては被相続人の財産をできる限り幅広く対象とすることが望ましく、また、遺産分割手続を行う実務上の観点からは、現金のように、評価についての不確定要素が少なく、具体的な遺産分割の方法を定めるに当たっての調整に資する財産を遺産分割の対象とすることに対する要請も広く存在する」

平成28年最高裁決定の適用範囲と問題点

　平成28年最高裁決定は、すべての可分債権に当てはまる話ではありません。あくまでも「預貯金債権」に関する判断です。
　また、当該決定により、相続人が遺産である預貯金を単独で引き出すことが困難になりました。この問題を解決するために、新たな制度が創設されるに至ります。

▶ まだ相続開始時に当然に分割承継される可分債権

　平成28年最高裁決定で遺産分割の対象とされたのは、あくまで「預貯金債権」です。当該決定は、可分債権一般について、相続開始時に当然に分割承継されるとした昭和29年4月8日の最高裁判例を否定しているわけではありません。したがって不法行為の損害賠償請求権などの預貯金債権以外の可分債権は、相続開始時に当然に法定相続分で分割承継がなされます。

▶ 平成28年最高裁決定以後、全国で見られた問題

　平成28年の最高裁決定の登場によって、各金融機関では、相続人の一人からの法定相続分に相当する預金の引き出し請求を認めない方針を強化しました。相続人全員の同意（実務上は各金融機関の所定用紙への相続人全員の実印での押印）があって初めて預金を引き出せるという取扱いが、これで定着したといえるでしょう。
　この取扱いによって、相続債務や生活費の支払いのために、相続人が被相続人の預金を他の相続人の協力なしに活用することが難しくなったといえます。相続人の日常生活に、支障が出てしまうこともありました。

預貯金債権が遺産分割の対象になることから生じる問題

〈事例〉被相続人には、配偶者と3人の子がいる。相続人達は昔から仲が悪く、遺産分割がなかなか成立しない状況にある。このような状況のなか、生活費の支払に困った配偶者相続人が、自らの法定相続分について、被相続人の遺産たる預金を引き出しに銀行に行ったところ、相続人全員の同意がなければ引き出せないと言われてしまった。

平成28年最高裁決定により、預貯金債権が遺産分割の対象になりました。それが意味することは、預貯金債権は相続人全員の準共有になり、遺産分割の成立までは相続人ごとによる引き出しができないということです。

〈相続預貯金の払出し請求用紙の例〉

> ### 改正法
> # 遺産分割前における預貯金の仮払い制度の創設

平成28年最高裁決定の後に見られた、「相続人の一部の者だけからの請求では、法定相続分に相当する預金も引き出せない」という問題に関し、改正相続法で解決が図られることになりました。遺産の分割が成立する前であっても、一定額についての預貯金債権については、家庭裁判所の関与がなくとも行使（つまり引き出し）が認められることになったのです。

▶ 遺産の分割前に引き出せる「一定額」とは

遺産に属する預貯金債権について、各共同相続人が遺産分割前に行使（つまり引き出し）できる額は次の通りです（新909条の2）。

- 相続開始時の預貯金債権額の3分の1に、預金引き出しを求める共同相続人の法定相続分を乗じた額

▶ 遺産の分割前に引き出せる額には上限もある

注意しなければいけないのは、遺産分割前に引き出せる預貯金の額には上限がある点です。引き出せる額は「標準的な当面の必要生計費、平均的な葬式の費用の額その他の事情を勘案して預貯金債権の債務者ごとに法務省令で定める額を限度とする」とされているのです（新909条の2）。

▶ 遺産の分割前に引き出した額の取扱い

遺産分割前に引き出した額については、その共同相続人が遺産の一部の分割によって、これを取得したものとみなされます（新909条の2）。

預貯金の仮払い制度（家庭裁判所の関与がない場合）

〈事例〉被相続人には相続人として子が2人いるが、2人は仲が悪く、遺産の分割が成立していない。二男は当面の必要生計費として200万円を、遺産である預貯金債権の口座（相続開始時の預貯金額：1,500万円）から引き出したいと考えている。

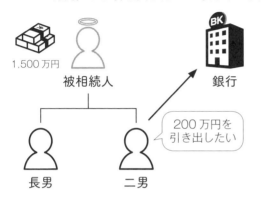

遺産の分割が終わっていなくても、遺産に属する預貯金債権の一部について、共同相続人の一部の者からの請求で引き出せるようになった。

共同相続人の一部の者からの請求で引き出せる額は以下の通り。

相続開始時の預貯金債権額×3分の1×その共同相続人の法定相続分

※ただし、標準的な当面の必要生計費、平均的な葬式の費用の額その他の事情を勘案して預貯金債権の債務者ごとに法務省令で定める額が上限

上記の事例における二男のみからの請求で引き出せる額は下記の通り。

$\Rightarrow 1,500万円 \times \dfrac{1}{3} \times \dfrac{1}{2} = 250万円$

家庭裁判所が関与する場合の預貯金の仮払い制度

　改正相続法（ここでは「改正家事事件手続法」）によると、家庭裁判所は、遺産の分割の審判又は調停申立てがあった場合に、遺産に属する特定の預貯金債権の全部又は一部を、共同相続人のうちのある者に仮に取得させることが容易になりました。家庭裁判所が関与する場面でも、簡易かつ迅速に預貯金を現金化する道が開けたのです。

▶ これまでの家事事件手続法の弱点

　現行の家事事件手続法200条2項によれば、遺産の仮分割が認められるとあります。これによって、共同相続人の一部の者からの個別の預貯金債権の行使が可能になる場合がありますが、問題はその要件です。

　同条文にはその要件として「強制執行を保全し、又は事件の関係人の急迫の危険を防止するため必要があるとき」と定められています。

　これだと要件が厳格であり、預貯金を早期に現金化したい場面に対応することが難しくなってしまいます。

▶ 改正家事事件手続法によって、仮払いが簡易かつ迅速に

　この度の改正で定められた家事事件手続法200条3項によると、家庭裁判所に遺産の分割の審判又は調停の申立てがあった場合において、家事事件手続法200条2項より緩和された「要件」によって、共同相続人の一部の者が「預貯金債権」を仮に取得できるようになりました。遺産の分割について未だ決着がつかない間でも、相続人が遺産である預貯金を現金化し、相続債務の支払などに対応しやすくなったのです。

家庭裁判所が関与する場合における預貯金の仮払い制度

〈事例〉被相続人には相続人として子が2人いるが、2人は仲が悪く、遺産の分割について家庭裁判所での調停中である。遺産のなかには500万円の相続債務があり、長男は自己資金に余裕がないため、遺産である預貯金（1,300万円）を取り崩して支払いたいと考えている。

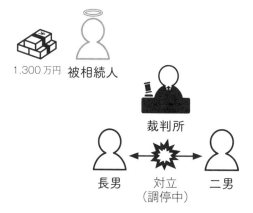

この度の改正において、従来の家事事件手続法の要件よりも緩和された要件で、長男は遺産である預貯金債権を仮に取得できるようになった。

要件比較	
家事事件手続法200条2項	家事事件手続法200条3項〈新設〉
①遺産の分割の審判又は調停の申立てがある ②強制執行を保全し、又は事件の関係人の急迫の危険を防止するため必要がある ③仮差押え、仮処分その他の必要な保全処分を命ずることを求める申立てがある	①遺産の分割の審判又は調停の申立てがある ②相続財産に属する債務の弁済、相続人の生活費の支弁等のため遺産である預貯金債権を行使する必要がある ③遺産である預貯金債権の全部又は一部を仮に取得させることを求める申立てがある ④他の共同相続人の利益を害しない

※家事事件手続法200条2項は改正後も削除されていません。
※新家事事件手続法200条3項で仮に取得できるのは、あくまで「預貯金債権」です。

遺産分割前に遺産が処分されたら

　相続が開始し、遺産の分割前に、共同相続人のうちのいずれかの者によって遺産が処分されてしまう場面は珍しくありません。典型的な場面としては、被相続人の死亡による口座凍結前に、遺産に属する預貯金を事実上管理している相続人が預貯金を引き出し、使い込んでしまう場面が挙げられます。

▶ 今後さらに増える可能性のある「預貯金の引き出し・使い込み事案」

　前述したように、預貯金債権は相続開始と同時に共同相続人に当然に分割承継されるのではなく、遺産分割の対象となりました。これにより、各金融機関では被相続人の預貯金の引き出しには、相続人全員の同意（実際には所定用紙への実印による押印）がなければ対応しないという実務上の取扱いが強化されることになったのでした。

　この状況から、預貯金は口座凍結前に引き出そうとする相続人が後を絶たないだけでなく、今後ますます増加することすら予想できてしまいます（通常はいけないことですが、被相続人の死亡の事実を金融機関に伝える前であれば、ATMなどで相続預貯金を引き出せてしまうのが現実です）。

▶ 預貯金の使い込みがあった場合の従来の取扱い〜裁判〜

　従来の相続法においては、遺産分割前に遺産に属する預貯金を共同相続人のうちの1人（又は複数）の者が引き出して使い込んだ場合は、不法行為又は不当利得の問題になります。裁判をするなら、遺産分割とは別の訴訟を地方裁判所に起こす必要があるのです。

遺産に属する預貯金の使い込みがあったら〈現行法〉

〈事例〉被相続人には相続人として子が3人いる。遺産は預貯金3,000万円と自宅不動産（1,500万円）があるが、長男が他の相続人に無断で預貯金を払い出してしまい、使い込んでしまった。長男は遺産分割協議にも応じず、他の相続人は法的手段をとることにした。

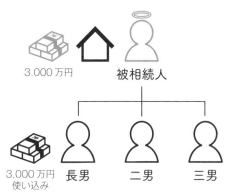

長男以外の相続人が自己の法定相続分に対応する預貯金を取り戻し、自宅の遺産分割を進めるためには、家庭裁判所に遺産の分割を請求するだけでは足りない。

二男や三男は、下記の対応が求められる。
①預貯金について
→不法行為の損害賠償又は不当利得の返還の請求を地方裁判所で行う
②自宅について
→遺産の分割について、家庭裁判所に請求を行う

※遺産分割時には存在しない財産でも、相続人の全員がそれを遺産分割の対象に含める合意をすれば、既にない財産も遺産分割の対象（最判昭和54年2月22日参照）になるといえます。しかしながら相続預貯金の無断使い込み事案において、使い込んだ当事者の同意を得ることは難しいでしょう。

遺産分割前に遺産が処分された場合の新たな規律

　相続が開始し、遺産の分割前に、遺産（たとえば預貯金）が共同相続人のうちの一人によって処分（引き出して使い込み）があった場合の取扱いについて、改正相続法では新たな規律が設けられました。遺産の分割時に、それを遺産分割の対象とみなすことが容易になったのです。

▶ 処分された財産も「遺産」とみなして遺産分割

　改正相続法によると、遺産の分割前に遺産が処分された場合でも、相続人全員の同意があれば、当該処分された財産が遺産の分割時に遺産として存在するものとみなすことが可能です（新906条の2）。

　以上は従来の取扱いと同じといえますが、改正法ではさらに一歩踏み込み、遺産の分割より前に、共同相続人によって遺産が処分されたときは、「当該共同相続人の同意なくして」当該処分された財産が遺産の分割時に遺産として存在するものとみなすことができます（新906条の2第2項）。

　従来であれば遺産分割とは別に不当利得や不法行為の問題として解決を図っていた事態を、家庭裁判所での遺産分割の制度内で解決できる道が開かれたのです[注]。

▶ 「処分した者の同意は不要」が従来とは大きく異なる

　処分財産が遺産の分割時に遺産として存在するとみなすためには、処分した者の同意は不要です。この点が、相続実務に与える影響は大きいといえるでしょう。

（注）共同相続人の判断により、従来のように、不法行為による損害賠償又は不当利得の返還を請求することは可能と解されます。

遺産に属する預貯金の使い込みがあったら〈改正法〉

〈事例〉被相続人には相続人として子が3人いる。遺産は預貯金3,000万円と自宅不動産（1,500万円）があるが、長男が他の相続人に無断で預貯金を払い戻してしまい、使い込んでしまった。長男は遺産分割協議にも応じず、他の相続人は法的手段をとることにした。

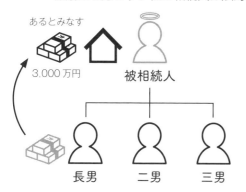

遺産を処分した共同相続人の同意がなくとも、他の共同相続人の合意だけで、処分財産が遺産の分割時に遺産として存在するとみなすことができる。

二男や三男は、下記の対応をすればよい
預貯金・自宅
→遺産の分割について、家庭裁判所に請求を行う

※預金について、地方裁判所で不法行為の損害賠償や不当利得の返還の請求を別途する必要はない。

処分財産が遺産の分割時に遺産として存在するとみなす要件
- 遺産の分割前に遺産に属する財産が処分された場合であること
- 共同相続人の全員の同意があること（ただし、共同相続人の1人又は数人により遺産に属する財産が処分された場合は、当該処分した相続人の同意は不要）

改正法

遺産の一部分割制度の必要性と明文化

　改正相続法によると、遺産の分割は全遺産を対象として一度で行う必要はなく、一部の遺産を対象として行うことも明文で認められました。「遺産の一部分割」はこれまでも実務上認められてきましたが、条文によってもそれが明らかになったのでした（新907条1項・2項）。

▶ 遺産の一部分割、平成 28 年最高裁決定後、より重要に

　平成28年最高裁決定により、預貯金債権が遺産分割の対象とされたことは前述の通りです。

　その結果、遺産分割が成立するまでは、遺産に属する預貯金は有効活用できません。預貯金の仮払い制度（52～55頁参照）だけでなく、遺産を相続人の手に、早期に確定的に移すための制度が必要なのです。

▶ 遺産の一部分割に関するこれまでの取扱い

　遺産の一部分割はこれまでも可能でした。遺産の一部分割は民法（907条3項参照）が想定しているといえ、特に相続人間の合意がある場合であれば、協議でそれを行っても問題はありません。

　また、家庭裁判所の審判による一部分割であっても、その合理性があり、遺産全部の総合的分割に支障をきたさない場合は、遺産の一部分割は許されます（松原正明「判例先例相続法II」488頁参照）。

▶ 遺産の一部分割、明文化の意義

　新907条2項によって、一部分割が明文化されたことによって、家庭裁判所に、遺産の一部分割を請求しやすくなりました。一部分割が必要か否か、合理的であるか否かは相続人が判断し、調停又は審判の申立てができるのです。

遺産の一部分割―協議

〈事例〉被相続人には配偶者と子が２人いる。遺産としては東京都文京区の自宅（5,000万円）、預貯金（4,500万円）、北海道札幌市の別荘（2,000万円）がある。相続人の３名は北海道札幌市の別荘を誰が相続するかについては決めかねているが、自宅と預貯金については早期に話がまとまるため、遺産の一部について分割を協議する。

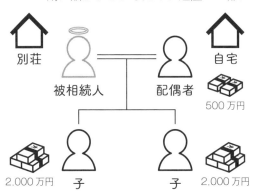

これまでも認められてきた協議による遺産の一部分割が、明文化されることになった。

※自宅と預貯金を先に分割する

遺産の一部分割 ―家庭裁判所に請求

上記の事案で家庭裁判所に請求する場合は、従来であれば下記の①と②の要件が必要だと理解されていましたが、遺産の一部分割を家庭裁判所に請求できることが明文化されたため、①の要件を満たしているかを家庭裁判所が判断することは不要（つまり相続人の判断に委ねられる）になりました。

①一部分割をする必要性及び合理性がある
②一部分割をしても、その後に予定される残部の遺産を対象とした遺産分割の手続において、各共同相続人間の公平等の観点から適正な分割が可能である
（安達敏男ほか「相続実務が変わる！　相続法改正ガイドブック」90頁参照）

第2章・参考条文（改正後）

（特別受益者の相続分）

第903条 共同相続人中に、被相続人から、遺贈を受け、又は婚姻若しくは養子縁組のため若しくは生計の資本として贈与を受けた者があるときは、被相続人が相続開始の時において有した財産の価額にその贈与の価額を加えたものを相続財産とみなし、第900条から第902条までの規定により算定した相続分の中からその遺贈又は贈与の価額を控除した残額をもってその者の相続分とする。

2 遺贈又は贈与の価額が、相続分の価額に等しく、又はこれを超えるときは、受遺者又は受贈者は、その相続分を受けることができない。

3 被相続人が前二項の規定と異なった意思を表示したときは、その意思に従う。

4 婚姻期間が20年以上の夫婦の一方である被相続人が、他の一方に対し、その居住の用に供する建物又はその敷地について遺贈又は贈与をしたときは、当該被相続人は、その遺贈又は贈与について第一項の規定を適用しない旨の意思を表示したものと推定する。

（遺産の分割前に遺産に属する財産が処分された場合の遺産の範囲）

第906条の2 遺産の分割前に遺産に属する財産が処分された場合であっても、共同相続人は、その全員の同意により、当該処分された財産が遺産の分割時に遺産として存在するものとみなすことができる。

2 前項の規定にかかわらず、共同相続人の一人又は数人により同項の財産が処分されたときは、当該共同相続人については、同項の同意を得ることを要しない。

（遺産の分割の協議又は審判等）

第907条 共同相続人は、次条の規定により被相続人が遺言で禁じた場合を除き、いつでも、その協議で、遺産の全部又は一部の分割をすることができる。

2 遺産の分割について、共同相続人間に協議が調わないとき、又は協議をすることができないときは、各共同相続人は、その全部又は一部の分割を家庭裁判所に請求することができる。ただし、遺産の一部を分割することにより他の共同相続人の利益を害するおそれがある場合におけるその一部の分割については、この限りでない。

3 前項本文の場合において特別の事由があるときは、家庭裁判所は、期間を定めて、遺産の全部又は一部について、その分割を禁ずることができる。

第**3**章

新しい
遺言制度がはじまる

- 従来の自筆証書遺言の問題点 　従来
- 自筆証書遺言、法務局での保管制度の創設 　改正法
- 遺言書保管所における保管等 　改正法
- 関係相続人等による遺言書情報証明書の取得 　改正法
- 誰でも可能、「遺言書保管事実証明書」の交付請求 　改正法
- 遺言書保管所での自筆証書遺言の保管の終了事由 　改正法
- これまでの自筆証書遺言、作成の仕方 　従来
- 「一部手書き以外の自筆証書遺言」が解禁 　改正法
- 「遺贈義務者の引渡義務」の改正 　改正法

従来の自筆証書遺言の問題点

　自筆証書遺言は、遺言者が、全文、日付及び氏名を自書し、これに印を押して作成する遺言の形式です。遺言を簡単に作成できる反面、自筆証書遺言の問題の一つとして、保管が難しく、トラブルや紛争が起きやすいことが挙げられます。

▶ 自筆証書遺言はとにかく「保管」が難しい

　公証役場にて作成する「公正証書遺言」であれば、遺言の原本は公証役場に保管され、法令で定められた一定の期間内は廃棄されることはありません。また、相続開始後に、相続人は被相続人が公正証書による遺言を作成していたかどうか、検索することも可能です。

　一方で、自筆証書遺言（本書では「現行968条の自筆証書によってした遺言に係る遺言書」のことを指します）は遺言者自ら（あるいは遺言者から委託を受けた者）が保管しなければならず、災害や紙の劣化による滅失、さらには紛失などに気を付けなければなりませんでした。保管の仕方によっては相続開始後に、相続人が遺言書を発見できず、遺言者の最終の意思を実現できないこともあります。

▶ 偽造・変造、廃棄によってトラブルや紛争に発展することも

　相続開始後に相続人が被相続人の自筆証書の遺言書を発見したら、偽造・変造することも現実にはできてしまいます。また、自分に都合が悪い内容だと分かった相続人は、その遺言書を廃棄処分し、存在を消し去ることだって難しくないでしょう。

　このように遺言書が偽造・変造、廃棄されることで、相続人間のトラブルや紛争に発展することもあるのです。

自筆証書遺言と公正証書遺言の比較図

	従来の自筆証書遺言	公正証書遺言
作成における他者の関与	不要 （簡単に作成できる）	公証人の関与が必要 （作成に手間がかかる）
作成費用	無料	手数料が必要 （公証人手数料令による）
保管者	遺言者	公証役場
第三者による偽造・変造、廃棄の危険性	あり	なし
検索システム	なし	あり
検証手続	必要	不要

改正で変わる

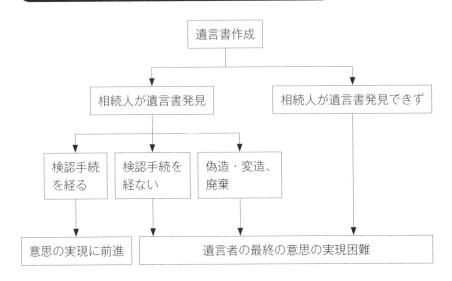

第3章 新しい遺言制度がはじまる 65

改正法

自筆証書遺言、法務局での保管制度の創設

　　自筆証書遺言を遺言者自らが保管することから生じる偽造・変造など
の不都合を回避するために、改正法によって、自筆証書遺言を、法務局
で保管してもらうことが可能になりました。相続法改正の一環として、
「法務局における遺言書の保管等に関する法律」（以下、「法」といいま
す）が制定されたのでした。

▶ 自筆証書遺言、保管の申請

　この制度によると、法務大臣に指定された法務局が「遺言書保管所」
となり、遺言者が遺言書保管所に自筆証書遺言を持ち込み、その保管申
請をすることから始まります（法2条1項、法4条1項）。

　持ち込むべき遺言書保管所は、遺言者の住所地若しくは本籍地又は遺
言者が所有する不動産の所在地を管轄する遺言書保管所（遺言者の作成
した他の遺言書が現に遺言書保管所に保管されている場合にあっては、
当該他の遺言書が保管されている遺言書保管所）であり、当該遺言書保
管所の「遺言書保管官」に対し、保管の申請をするのです（法4条3項）。

　なお、この制度を利用した自筆証書遺言は、家庭裁判所での検認手続
が不要となることも大きなメリットです（法11条参照）。

▶ 遺言書保管申請の仕方

　遺言書の保管申請をするためには、遺言者が遺言書保管所に自ら出頭
して行わなければなりません（法4条6項）。遺言者自身が作成した遺言
書であることを遺言書保管官が確認するため、本人の出頭が義務付けら
れているのです（出頭時に、本人確認も行われます。（法5条参照））。

　また、保管の申請をする際は、封のしていない自筆証書遺言を持参し、
申請書と添付書類とともに、遺言書保管官に提出しなければなりません
（法4条2項・5項）。

遺言書保管制度の概要

〈事例〉自筆証書遺言を作成した遺言者が、その遺言書の紛失を防ぐため、遺言書保管所にて遺言書を保管してもらうための手続をする。

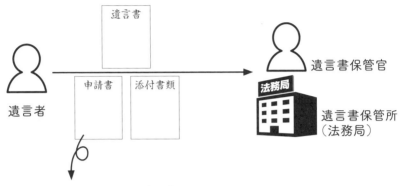

申請書記載事項（法4条4項各号）

```
1   遺言書に記載されている作成の年月日
2   遺言者の氏名、出生の年月日、住所及び本籍（外国人にあっては、
    国籍）
3   遺言書に次に掲げる者の記載があるときは、その氏名又は名称及び
    住所
    イ   受遺者
    ロ   民法第1006条第1項の規定により指定された遺言執行者
4   前三号に掲げるもののほか、法務省令で定める事項
```

（注）遺言書保管官に遺言書を提出した際に、遺言書保管官が審査をしますが、それはあくまで遺言書の形式的な審査に過ぎません。遺言書の有効無効を判断するのは、最終的には裁判所の役目です。

補足：遺言書の保管申請には手数料がかかります。後述する遺言書の閲覧、遺言書情報証明書又は遺言書保管事実証明書の交付についても同様です（法12条）。

改正法

遺言書保管所における保管等

　遺言者から保管申請がなされた遺言書は、遺言書保管所においてどのように保管され、情報はどのように管理されるのでしょう。保管申請の「後」について、ここでまとめます。

▶ 不測の事態に備えて遺言書をデータ化して管理

　遺言書保管所においては、災害や紙の劣化による滅失などの不測の事態に備えて、遺言書の画像情報を含む遺言書に係る一定の情報（詳しくは次頁参照）を、磁気ディスクをもって調製する遺言書保管ファイルに記録する（つまりデータ化する）方法で管理します（法7条参照）。

▶ 遺言書の閲覧

　遺言者は、その申請に係る遺言書が保管されている遺言書保管所（これを「特定遺言書保管所」といいます）の遺言書保管官に対して、いつでも当該遺言書の閲覧を請求することが可能です（法6条2項）。

　閲覧の請求は、必要事項が記入された請求書とその他添付書面を用意し、遺言書保管官に提出して行います（法6条3項）。

　また、保管の申請時と同様、閲覧の請求には遺言者自らが特定遺言書保管所に出頭しなければいけない点も要注意です（法6条4項）。遺言書保管官が、閲覧請求をしている者が遺言者本人であることを確認するためです（法6条4項、法5条参照）。

遺言書保管所での遺言書に関する情報管理

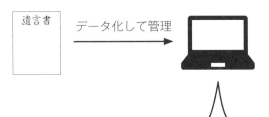

1　遺言書の画像情報
2　下記の各事項
　一　遺言書に記載されている作成の年月日
　二　遺言者の氏名、出生の年月日、住所及び本籍（外国人にあっては、国籍）
　三　遺言書に次に掲げる者の記載があるときは、その氏名又は名称及び住所
　　イ　受遺者
　　ロ　民法第1006条第1項の規定により指定された遺言執行者
3　遺言書の保管を開始した年月日
4　遺言書が保管されている遺言書保管所の名称及び保管番号

（法7条2項各号）

これらの情報は、後に「遺言書情報証明書」として、遺言者の相続人等が交付を請求できる（法9条参照。次頁で詳述）。

改正法

関係相続人等による遺言書情報証明書の取得

　遺言書について保管申請を行った遺言者が死亡した後、その相続人等は、当該遺言書に関する情報がまとめられた「遺言書情報証明書」の交付を請求することが可能です。「法務局における遺言書の保管等に関する法律」では、関係当事者からの情報開示制度が用意されているのです。

▶ 遺言書情報証明書の交付

　遺言書の保管を申請した遺言者の相続人等の一定の者（これらを「関係相続人等」といい、詳しくは次頁参照）は、遺言書保管ファイルに記録されている事項を証明した書面（これを「遺言書情報証明書」といいます）の交付を請求することができます（法9条1項参照）。

　注意しなければいけないのは、この証明書の交付が請求できるのは、遺言者が死亡してからであり、生存中はできません。遺言の有無・内容を秘匿しておきたいという遺言者の意思を考慮してのことです。

　この交付の請求は、自己が関係相続人等に該当する遺言書（これを「関係遺言書」といいます）を現に保管する遺言書保管所以外の遺言書保管所の遺言書保管官に対してもすることが可能です（法9条2項）。

▶ 遺言書の閲覧

　関係相続人等は、関係遺言書を保管する遺言書保管所の遺言書保管官に対し、当該関係遺言書の閲覧を請求することができます（法9条3項）。

　遺言書保管官は、遺言書情報証明書を交付し又は関係相続人等に関係遺言書の閲覧をさせたときは、当該関係遺言書を保管している旨を、遺言書の相続人並びに受遺者及び指定された遺言執行者に通知することになります（法9条5項）。相続人等が遺言の内容を知る機会を確保するためです。

関係相続人等からの情報の開示請求

〈事例〉被相続人の二男は、被相続人が生前に「遺言書を作成し、法務局に保管してある」と言っていたことを思い出し、その遺言書の内容を確認するため、遺言書保管所たる法務局に向かった。

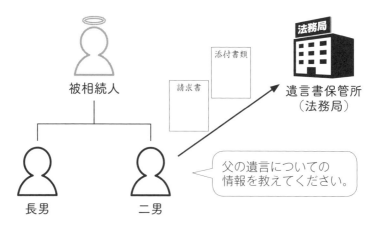

※関係相続人等とは、代表的な者は下記の通りです（法9条1項各号）。
①遺言者の相続人（欠格事由に該当又は廃除されたことで相続権を失った者及び相続の放棄をした者も含みます）
②遺言に受遺者として記載された者又はその相続人
③遺言で遺言執行者として指定された者　など

補足1：遺言者自身による遺言の閲覧も認められています（法6条2項ないし4項参照）。自身の遺言内容を改めて確認することで、遺言の書き換えなどにも対応しやすくなります。
補足2：相続人等は、遺言書の原本の返還を受けることはできません。遺言書は、遺言書保管所で引き続き保管されます。

改正法

誰でも可能、「遺言書保管事実証明書」の交付請求

　　遺言書情報証明書の交付請求は、関係相続人等に認められたものであり、それに該当しない者には認められません。

　　一方で「遺言書保管事実証明書」の交付の請求は、誰でも可能であり、この交付請求を通して、自己に関係する遺言の存在を知り、遺言書情報証明書の交付請求や、遺言書の閲覧にたどり着くことが可能です。

▶ 遺言書保管事実証明書の交付請求の概要

　誰でも、遺言書保管官に対し、遺言書保管所における関係遺言書の保管の有無並びに当該関係遺言書が保管されている場合には遺言書保管ファイルに記録されている下記事項を証明した書面（遺言書保管事実証明書）の交付請求が可能です（法10条1項）。

1　遺言書に記載されている作成の年月日
2　遺言書が保管されている遺言書保管所の名称及び保管番号

▶ 公正証書遺言におけるいわゆる「遺言検索」と類似の機能

　この請求は、関係遺言書を現に保管する遺言書保管所以外の遺言書保管所の遺言書保管官に対してもすることが可能です（つまりどこの遺言書保管所でも可能です（法10条2項参照））。

　これにより、全国どこの公証役場でも可能である公正証書遺言のいわゆる「遺言検索」と同じことが、遺言書保管所で保管されている自筆証書遺言でも可能になりました。被相続人が遺言を作成していた可能性がある場合に、相続人が遺言書保管事実証明書で遺言の有無を確認し、さらに遺言書情報証明書で遺言の内容を知ることができるのです。

自筆証書遺言でも「遺言検索」ができることになる

〈事案〉被相続人には子と配偶者がいる。被相続人は生前に「自分が亡くなった後はすべての財産をお前（配偶者）に渡す」と口癖のように言っていた。配偶者は、被相続人がもしかしたら遺言書を作成しているのではないかと思い、自筆証書遺言の有無から調べることにした。

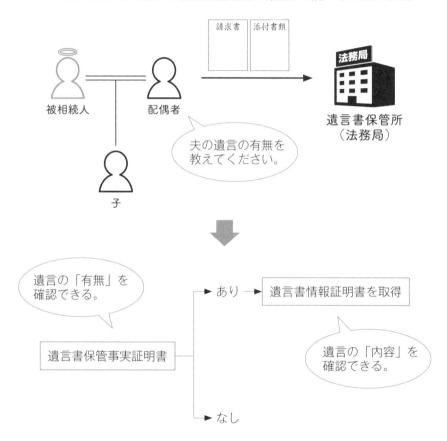

遺言書保管事実証明書を取得し、遺言書の存在が明らかになったら、次は「遺言書情報証明書」を取得して内容を確認する。

改正法

遺言書保管所での自筆証書遺言の保管の終了事由

　「法務局における遺言書の保管等に関する法律」によって遺言書保管所で保管・管理されている遺言書（及びそのデータ）は、遺言書保管所において未来永劫保管・管理されるわけではありません。一定の場合には、遺言書保管所での保管・管理が終了し、遺言書（及びそのデータ）が返還（データなら消去）・廃棄されることがあるのです。

▶ 遺言書保管申請の撤回　～遺言者からの撤回～

　遺言書保管所で遺言書の保管をしてもらうかどうかは遺言者の自由であり、強制されるものではありません。

　したがって、遺言者は特定遺言書保管所の遺言書保管官に対し、いつでも、遺言書保管に係る申請を撤回することが可能です（法8条1項）。

　遺言者本人が撤回の意思を示していることを明らかにするため、遺言者が特定遺言書保管所に自ら出頭して行わなければなりません（法8条3項）。

　遺言書保管官は、遺言書の保管について遺言者が撤回したときは、遅滞なく、保管している遺言書を返還し、管理情報を消去しなければなりません（法8条4項）。

▶ 期間経過による遺言書の廃棄　～遺言書保管所での廃棄～

　遺言書保管官は、遺言者の死亡の日（遺言者の生死が明らかでない場合にあっては、これに相当する日として政令で定める日）から相続に関する紛争を防止する必要があると認められる期間として政令で定める期間が経過した後は、遺言書を廃棄することが可能です（法6条5項）。遺言書の保管が必要な合理的期間の経過による廃棄の制度があるのです。

保管されている遺言書の返還・廃棄の概要

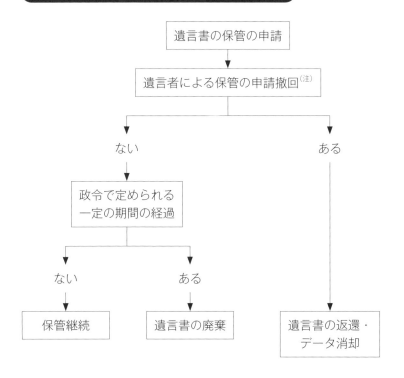

（注）遺言者による保管の申請撤回

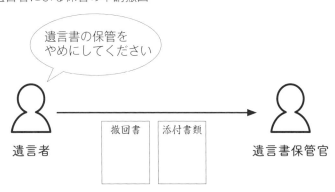

　遺言書の保管を撤回しようとする遺言者は、その旨を記載した撤回書に法務省令で定める書類を添付して、遺言書保管官に提出しなければなりません（法8条2項）。

これまでの自筆証書遺言、作成の仕方

　相続法の改正作業のなかでは、自筆証書遺言の保管に関してだけでなく、自筆証書遺言の「作成の仕方」についても検討がなされました。
　結果として、「全文」の自書が求められていた従来の相続法が改正され、一部ではあるものの、自書によらない部分を含む自筆証書遺言が解禁されました。ここでは、全文の自書を求めることが、遺言者にとってどのような負担になるのかについて解説しましょう。

▶「全文の自書」は意外と困難

　従来の相続法によると、自筆証書遺言を作成するためには「遺言者が、その全文、日付及び氏名を自書し、これに印を押さなければならない」とされていました。
　しかしながら、具体的な相続財産の表示も含めて「全文」の自書を求めるのは、特に高齢者にとっては辛いことといえます。

▶ 自筆証書遺言が形式不備になる原因の１つは「全文の自書」

　自筆証書遺言が形式不備となると、遺言の効力が認められないことになるのが通常です。形式不備の典型的な例といえば、たとえば①ワープロやパソコンで本文を書き、日付と氏名だけ自書した場合が挙げられます。また、②記載が面倒な相続財産の目録をワープロやパソコンで書いたり、他人に代筆してもらい、本文を含めたそれ以外を自分で書く場合も、全文の自書ではないため形式不備になってしまいました。
　改正相続法では、本文については自書要件は緩和していませんが、相続財産の目録についてはその要件を緩和し、自筆証書遺言が利用しやすくなりました。

自筆証書遺言の「全文自書」について

〈事例〉遺言者は、東京都文京区にある土地を配偶者に相続させる旨の自筆証書遺言を作成する。

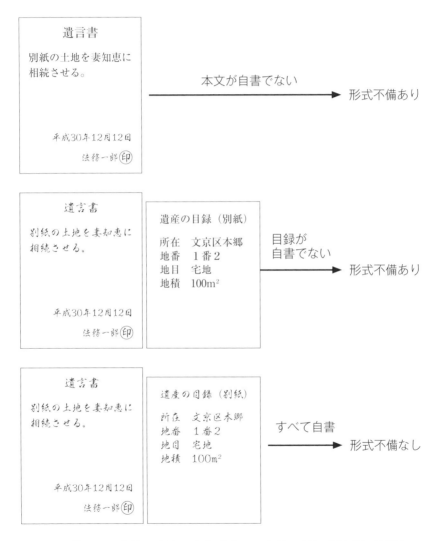

※形式不備のない自筆証書遺言を作成することは、特に高齢者には難しいことがある。

改正法

「一部手書き以外の自筆証書遺言」が解禁

　国民がより自筆証書遺言制度を利用しやすいように、改正相続法では、一部については手書き以外の自筆証書遺言が認められることになりました。具体的には「相続財産の目録」の部分につき、自書することが必須とされなくなったのです。

▶ 相続財産の目録を作成するのが大変

　遺言の内容として「私のすべての財産を○○に相続させる」という内容であれば簡単ですが、相続開始後の手続まで考慮したり、遺産を承継させる人が複数いるような場面では、相続財産が特定できるように相続財産の目録を作成するに越したことはありません。たとえば土地であれば、登記事項証明書にある「所在、地番、地目、地積」を記載するのです。

　このような相続財産に関する情報は専門家ならいざ知らず、一般の方に事細かに「全文」の内容として記載を求めることは酷だといえます。

▶ 相続財産の目録は自書でなくてもよい

　改正相続法は、自筆証書遺言を本文と相続財産の目録とに分け、相続財産の目録については自書によらないことを許容しています（新968条2項参照）。目録について、たとえばパソコンで入力したものをプリントアウトする、登記事項証明書や預貯金通帳をコピーして相続財産の目録とする、他人に代筆してもらう、このようなことも認められることになるのです。

　ただし、自書によらない相続財産の目録のすべてのページ（自書によらない記載がその両面にある場合にあっては、その両面）に遺言者が署名し、押印しなければなりません。

一部自書によらない自筆証書遺言

〈事例〉遺言者は、東京都文京区にある土地を配偶者に、預金を長男に相続させる旨の自筆証書遺言を作成する。なお、遺言者は高齢であることから、負担の少ない形で遺言書を作成したい。

遺言書

別紙1の土地を妻知恵に相続させる。
別紙2の預金を長男和孝に相続させる

平成30年12月12日
法務一郎㊞

遺産の目録(別紙1)

所在　文京区本郷
地番　1番2
地目　宅地
地積　100m²

法務一郎㊞

遺産の目録(別紙2)

通帳コピー

法務一郎㊞

（注）遺言書本文だけでなく、相続財産の目録の部分についても、遺言書の訂正に関する規定が適用されます。（参考：新968条3項：自筆証書（前項の目録を含む）中の加除その他の変更は、遺言者が、その場所を指示し、これを変更した旨を付記して特にこれに署名し、かつ、その変更の場所に印を押さなければ、その効力を生じない。）

※民法の条文によれば、遺言書本文と目録への押印は、同一の印鑑によることは要求されていません。しかしながら無用なトラブルを回避するためにも、同一の印鑑で押印するに越したことはありません。

※民法の条文によれば、遺言書が数枚になる場合に契印は要求されていませんが、契印するに越したことはありません。

第3章　新しい遺言制度がはじまる

改正法

「遺贈義務者の引渡義務」の改正

　従来の相続法では、遺贈の目的物が特定物（たとえば不動産）であれば、遺贈義務者はその目的物を遺言の効力発生時の状態で引き渡せばよいと考えられていました。

　一方で不特定物（たとえば米10キロ）が遺贈の目的物である場合は、遺贈義務者の担保責任に関する規定がありました（現行998条）。

　債権法の改正により担保責任の考え方が変わったことで、遺贈義務者の引渡義務についても、内容が見直されることになりました。

▶ 債権法改正の影響を受ける相続法

　債権法の改正によって、担保責任の考え方が基本から変わることが明確になりました。特定物・不特定物を問わず、買主の追完請求等が可能になったのでした（法定責任説から契約責任説への転換）（新562条参照）。

　また、改正債権法では、贈与者は無償で目的物を受贈者に移転する立場であることに注目して、贈与者が受ける責任追及に配慮し、「贈与者は、贈与の目的である物又は権利を、贈与の目的として特定した時の状態で引き渡し、又は移転することを約したものと推定する」と定めています（新551条）。

　そこで改正相続法では、遺贈も贈与と同様に無償であることから、遺贈義務者の引渡義務として、（特定物・不特定物を問わず）「遺贈義務者は、遺贈の目的である物又は権利を、相続開始の時（その後に当該物又は権利について遺贈の目的として特定した場合にあっては、その特定した時）の状態で引き渡し、又は移転する義務を負う」と定めたのでした（新998条）。

　以上の改正を受けて、不特定物の遺贈義務者の担保責任について定めていた現行998条の規定は削除されることになりました。

遺贈義務者の担保責任規定改正について

債権法の改正

> 特定物、不特定物を問わず、契約不適合責任が生じることになった。

> 贈与について、その無償性に着目し、贈与者は、物を、贈与の目的として特定した時の状態で引き渡すことを約したものと推定されることになった。

相続法の改正

> 遺贈も贈与と同じく無償

> 遺贈義務者の引渡義務について、贈与者のそれと似た規律をつくる。

（この規律について、改正債権法同様、特定物・不特定物を問わない内容にする）

※現行1000条は削除されました。現行1000条では「遺贈の目的である物又は権利が遺言者の死亡の時において第三者の権利の目的であるときは、受遺者は、遺贈義務者に対しその権利を消滅させるべき旨を要求することができない」とされていましたが、新998条によって、遺贈の目的である物又は権利が第三者の権利の目的である場合も、遺贈義務者はそのまま引渡し又は移転すれば足りることが明らかであるためです。

第3章・参考条文（改正後）

（自筆証書遺言）

第968条 自筆証書によって遺言をするには、遺言者が、その全文、日付及び氏名を自書し、これに印を押さなければならない。

2 前項の規定にかかわらず、自筆証書にこれと一体のものとして相続財産（第997条第1項に規定する場合における同項に規定する権利を含む。）の全部又は一部の目録を添付する場合には、その目録については、自書することを要しない。この場合において、遺言者は、その目録の毎葉（自書によらない記載がその両面にある場合にあっては、その両面）に署名し、印を押さなければならない。

3 自筆証書（前項の目録を含む。）中の加除その他の変更は、遺言者が、その場所を指示し、これを変更した旨を付記して特にこれに署名し、かつ、その変更の場所に印を押さなければ、その効力を生じない。

（遺贈義務者の引渡義務）

第998条 遺贈義務者は、遺贈の目的である物又は権利を、相続開始の時（その後に当該物又は権利について遺贈の目的として特定した場合にあっては、その特定した時）の状態で引き渡し、又は移転する義務を負う。ただし、遺言者がその遺言に別段の意思を表示したときは、その意思に従う。

第**4**章

遺言執行者の権限が明確になる

- ●従来の相続法では、遺言執行者の権限・地位が不明瞭 [従来]
- ●遺言執行者の権限・責務、その地位をより明確に [改正法]
- ●遺言執行者による「通知」が明文化 [改正法]
- ●遺言執行者の「復任権」が改められる [改正法]
- ●「相続させる」旨の遺言での、従来の遺言執行者の権限 [従来]
- ●改正相続法で、遺言執行者の権限が明確に [改正法]
- ●遺贈の履行義務者 [改正法]

従来の相続法では、遺言執行者の権限・地位が不明瞭

　遺言の内容を実現する立場にある遺言執行者の権限は、従来の相続法では明確とはいえませんでした。
　また、遺言執行者の法的地位については「相続人の代理人とみなす（現行1015条）」と規定されていましたが、その規定の内容も明らかではありませんでした。このことから、遺言者と相続人の利益が相反する場面では、遺言執行者と相続人の間でトラブルに発展することもあったのです。

▶ 分かりにくい、遺言執行者の権限

　従来の相続法によると、「遺言執行者は、相続財産の管理その他遺言の執行に必要な一切の行為をする権利義務を有する」（現行1012条）とされていました。この「一切の」という文言から、広範な権限があることは分かりますが、その内容が不明確で、解釈が必要でした。国民にとって、理解しやすい規定とはいえなかったのです。

▶ 遺言執行者の法的地位

　従来は、遺言執行者は「相続人の代理人」とみなされていました。本来は遺言者の代理人とされるところ、遺言の効力発生時には遺言者は既に死亡しているため、遺言執行者は遺言者の代理人になれません。そこで遺言執行者を相続人の代理人とみなしたのが現行1015条だったのです。
　しかし、遺言執行者の法的地位は、条文上明確ではありません。また、遺言の内容が相続人の不利益につながる場面では、遺言執行者は「相続人の代理人」であるのに、その相続人に不利益な行為をしなければならず、条文の文言との間に違和感もありました。

分かりにくかった遺言執行者の権限

「遺言執行者は、相続財産の管理その他遺言の執行に必要な一切の行為をする権利義務を有する」（現行1012条）

「一切の行為」と書いてあるが、すべてができるわけではない

遺言執行者が、相続人に代わって、相続財産の管理その他遺言の執行に必要な一切の行為をなす権利義務を有し、そのために相当かつ適切と認める行為をすることができる（最判昭和44年6月26日）

 実務上はどのように対応するか？

遺言執行者は、各行為をするときに「相当かつ適切と認める行為」か否か、個別に判断することが求められることになる。

参考：遠藤常二郎「遺言実務入門」169頁

違和感があった遺言執行者の地位に関する現行規定

〈事例〉被相続人は遺言書を作成しており、そこには「私が所有していた甲不動産はAに遺贈する。Bを遺言執行者に指定する。」と記載されていた。Aは相続人ではなく、第三者である。

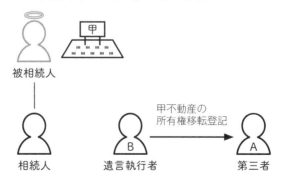

※遺言執行者は「相続人の代理人」であるのに、相続人に不利益な行為をすることがあるため、相続人との間でトラブルになることがあった。
※遺言執行者の法的地位が、現行規定からは明確ではない。

遺言執行者の権限・責務、その地位をより明確に

　前項で述べた問題点を解消すべく、改正相続法では、遺言執行者の責務を明文に追加し、その権限も従来より明確にしました。
　また、「遺言執行者は、相続人の代理人とみなす」としていた現行1015条の文言を改め、規定の趣旨が理解しやすくなりました。

▶「責務」が追加され、「権限」が明確に

　改正相続法では「遺言執行者は、遺言の内容を実現するため、相続財産の管理その他遺言の執行に必要な一切の行為をする権利義務を有する」と定められ（新1012条1項。下線部分が従前の条文に追加）、遺言執行者の責務が「遺言の内容を実現すること」にあると明文化されました。
　これにより、「一切の行為をする」権限とは、遺言の内容を実現するための行為か否かを基準に判断すればよいと分かります。

▶遺言執行者の立場も明確に

　改正相続法では、遺言執行者は遺言の内容を実現することが責務であり、必ずしも相続人の利益を守る立場ではないため、「遺言執行者は相続人の代理人」とした現行規定を削除しました。
　そして改正相続法は、「遺言執行者がその権限内において遺言執行者であることを示してした行為は、相続人に対して直接にその効力を生ずる」（新1015条）と規定しました。
　この新1015条と新1012条1項を合わせて読めば、遺言の内容が相続人の不利益となるときでも、遺言執行者は遺言の内容を実現する行為を行えばよいと分かり、遺言執行者の立場が明確になったといえます。

相続人に不利益な遺言内容だった場合の遺言の執行

〈事例〉被相続人は遺言書を作成しており、そこには「私が所有する甲不動産はＡに遺贈する。Ｂを遺言執行者に指定する。」と記載されていた。Ａは相続人ではなく、第三者である。

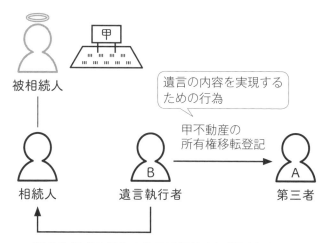

（注）遺言執行者の「顕名」について

　　　従前、「一般的には、遺言執行者は、法律効果の帰属主体である相続人全員を明示することまでは必要とされていない一方で、自らの資格を示して（遺言執行者である自己の名において）行為をしなければならないもの」（部会資料25-2、15頁）と考えられていました。

　　　したがって、新1015条には「遺言執行者であることを示してした行為」という要件が加えられ、遺言執行者の行為の効果を相続人に帰属させるためには、遺言執行者であることを示すことが必要であるとされました。

改正法

遺言執行者による「通知」が明文化

　従来の実務では、明文で求められていなかったものの、遺言執行者に就職した者は、相続人等に対して、（遺言の写しを同封して）就職の通知をするのが通常でした。相手は相続人だけでなく、受遺者や金融機関にも通知することがありました。

　この度の改正では、この「通知」が明文化されるに至りましたが、その内容には注意が必要です。

▶ 従来の相続法下においても「通知」は実務上必要だった

　遺言執行者に就任した者には、実務上、遺言の内容と就職した旨を相続人等に通知することが求められていました。遺言執行者による当該通知は善管注意義務の一内容であり、裁判例によると、それを怠ったことにより生じた損害は、遺言執行者が賠償するものと示されたことがあるのです（東京地判平成 19 年 12 月 3 日参照）。

▶ 改正相続法で求められる「通知」

　改正相続法では、「遺言執行者は、その任務を開始したときは、遅滞なく、遺言の内容を相続人に通知しなければならない」（新 1007 条 2 項）とされています。

　条文で求められる通知の相手は、相続人（の全員）です。相続人による遺産の処分等を防ぐだけでなく、遺贈等の履行義務を負う者（遺言執行者）の存在を伝えるためでもあります。

　また、条文上では通知するのは「遺言の内容」とされていますが、通知自体が遺言執行者に就職して行うものであるため、就職した旨も通知するべきでしょう。

遺言執行者の相続人等に対する通知について

〈事例〉被相続人には子が2人いる。被相続人は生前に遺言書を作成しており、そこには「私の有する一切の財産を孫Aに包括して遺贈する。Bを遺言執行者とする」と記載してあった。

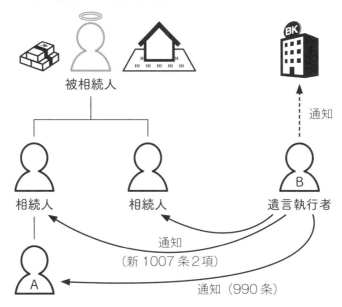

※改正相続法の規定により通知が必要なのは「相続人」であるため、Bは被相続人の子である2人に通知します（新1007条2項）
※包括受遺者については相続人と同一の権利義務を有するとされているため、相続人同様に通知するのが適切です（990条）。
※遺産に属する預貯金口座のある金融機関にも、通知することが望ましいと考えられます。金融機関では、相続人の全員が遺産に属する預貯金の払戻しを請求したら、遺言書の内容を知らなければ、それに応じることになるためです。

（注）上記の金融機関のように、条文で明確に通知することが求められていなくても、個々の事例ごとに、通知の対象者を慎重に判断することが重要です。

改正法

遺言執行者の「復任権」が改められる

　従来の相続法では、「遺言執行者は、やむを得ない事由がなければ、第三者にその任務を行わせることができない（現行1016条1項本文）」とされており、復任権が制限されていました。

　一方で、改正相続法では「遺言執行者は、自己の責任で第三者にその任務を行わせることができる」（新1016条1項本文）とされ、やむを得ない事由がなくとも、復代理人を選任できるようになりました。

▶ 遺言執行者の復任権、改正に至る経緯

　従来の相続法では、遺言執行者は遺言者の信任に基づいて指定されること、家庭裁判所から選任される場合は遺言執行者としての適格性が担保されていること、これらの事情から、復任権は制限されていました。

　しかしながら現実には、家庭裁判所による選任の場合ならいざ知らず、遺言者による指定の場合は適任ではない者が遺言執行者として指定されることが度々ありました。このような事情で、復任権の制限の見直しがなされたのです。

　なお、従来の相続法でも改正相続法でも、1016条1項にはただし書があり、遺言者がその遺言に別段（反対）の意思を示したときは当該意思に従う旨の規定があります。

▶ 復代理人を選任した場合の遺言執行者の責任

　改正相続法によると「第三者に任務を行わせることについてやむを得ない事由があるときは、遺言執行者は、相続人に対してその選任及び監督についての責任のみを負う」としており、場面によっては、遺言執行者の責任を限定しています（新1016条2項）。

遺言執行者の復任権

〈事例〉被相続人は「甲土地をAに遺贈する。甥のBを遺言執行者に指定する」とした遺言書を作成していた。Bは遺言の執行手続を進めるだけの法的知識と時間的余裕がないことから、専門家Cに遺言の執行を任せることにした。

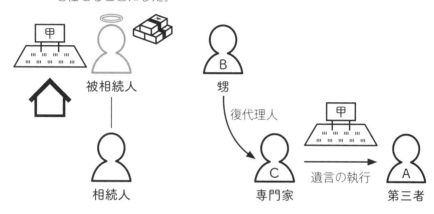

遺言執行者の復任権、改正前後の規定を比較

	従来の相続法	改正相続法
遺言執行者の復任権	原則：なし 例外：あり	原則：あり 例外：なし

※改正の背景

　従来の相続法の考え方によると、遺言執行者は（指定された場合は）遺言者の信任に基づいて選ばれているため、復任権は制限されていました。しかしながら現実には、不適任な者が遺言者執行者として指定されることが多く、復任権の制限見直しを求める声がありました。

　また、理論上も、遺言執行者は法定代理人の一種であり、他の法定代理人同様に、広く復任権を認めるべきであると考えることもできます（新105条参照）。

　これにより、改正相続法では遺言執行者の復任権が見直されるに至りました。

第4章　遺言執行者の権限が明確になる　91

「相続させる」旨の遺言での、従来の遺言執行者の権限

　たとえば「甲不動産を、配偶者に相続させる」旨の遺言は、遺贈と解される事情がない限り、908条の遺産分割方法の指定がなされたものとして扱われます（最判平成3年4月19日参照）。その結果、特定の遺産を、特定の相続人に相続させる旨の遺言がある場合、当該相続人は相続開始時から何らの行為を要せずして遺産を取得することになり、遺言執行の余地はないように思えます。

　従来は、このことから遺言執行者の権限が問題となりました。

▶ 遺言執行者の不動産の登記申請権限

　「（たとえば甲不動産などの）特定の不動産を、特定の相続人に相続させる」旨の遺言があれば、当該相続人が単独で所有権移転登記手続をすることが可能です（不動産登記法63条2項）。このため遺言執行者の職務は顕在化せず（つまり相続人だけで登記手続ができてしまうため）、遺言執行者には登記手続をする義務（権利も）はありません（最判平成7年1月24日、登記研究523号140頁参照）。

▶ 預貯金債権における遺言執行者の払戻し権限

　「（たとえば乙銀行の普通預金に係る）特定の預貯金債権を、特定の相続人に相続させる」とした遺言があれば、相続開始と同時に、当該相続人が当該預貯金債権を取得します。すると、当該場面ではやはり遺言執行の余地はなく、遺言執行者には、当然には預貯金債権の払戻し請求権限はないとも思えるのです。

　これについて、裁判所では、下級審で判断が分かれています。

「相続させる」旨の遺言がある場合の遺言執行者の権限

〈事例〉被相続人は生前に遺言書を作成していた。遺言書には「甲不動産はAに相続させる。乙銀行の預金はBに相続させる。Cを遺言執行者に指定する」と記されていた。なお、A及びBは被相続人の子であり、法定相続人である。

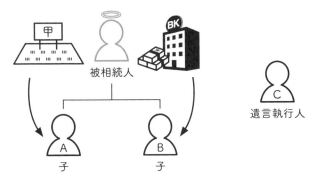

※Aは単独で甲土地を自己の名義にすることが可能であり、遺言執行者の手を借りる必要はない（不動産登記法63条2項）。

　特定の不動産を特定の相続人Aに相続させる旨の遺言により、Aが被相続人の死亡とともに相続により当該不動産の所有権を取得した場合には、Aが単独でその旨の所有権移転登記手続をすることができ、遺言執行者は、遺言の執行として右の登記手続をする義務を負うものではない（最判平成7年1月24日）。

※Bは、被相続人名義の預貯金の払戻し請求をできると考えられ、遺言執行者が払戻し請求を行う必要がない。それゆえ遺言執行者に払戻し請求権限があるのか、下級審で判断が分かれている（東京高判平成15年4月23日で、遺言執行者の預金払戻し権限について否定、東京高判平成11年5月18日で、遺言執行者の預金払戻し権限について肯定）。

　銀行等の金融機関との無用な論争を防ぐため、遺言書のなかに、遺言執行者に預金の払戻し請求権限を付与する旨が書かれることがよくある。

第4章　遺言執行者の権限が明確になる　93

改正法

改正相続法で、遺言執行者の権限が明確に

　遺産の分割の方法の指定として遺産に属する特定の財産を共同相続人の一人又は数人に承継させる旨の遺言のことを、改正相続法は「特定財産承継遺言」といい、当該遺言があった場合の遺言執行者の権限を明確にしました。

▶ 対抗要件を備えるために必要な行為をする権限

　特定財産承継遺言があった場合、共同相続人が新899条の2第1項（次頁参照）に規定する対抗要件を備えるために必要な行為を、遺言執行者がすることができるようになりました（新1014条2項）。

　条文では、遺言執行者による不動産に関する対抗要件具備行為も除外されておらず、今後は遺言執行者の地位で、遺言書に基づく相続登記（相続を登記原因とする所有権移転登記）が可能であるとも考えられます。

▶ 預貯金の払戻し権限、解約の申入れ権限についても

　改正相続法によれば、特定財産承継遺言の対象財産が預貯金債権である場合、遺言執行者は、対抗要件具備行為のほか、その預金又は貯金の払戻しの請求及びその預金又は貯金に係る契約の解約の申入れをすることが可能です（新1014条3項）。

　なお、預金の解約申入れについては、同条は「その預貯金債権の全部が特定財産承継遺言の目的である場合に限る」としています。特定財産承継遺言の内容が預金の一部であるにもかかわらず、解約権まで遺言執行者に認めると、遺言の執行に必要な権限を超えた処分権限を認めることになるためです。

遺言執行者による対抗要件具備行為

〈事例〉被相続人は遺言書を作成しており、そのなかには「私が有する甲に対する貸金債権を共同相続人のうちの長男Aに相続させる。Bを遺言執行者に指定する」と記載していた。

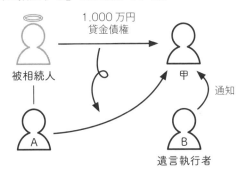

参考　新899条の2第1項：相続による権利の承継は、遺産の分割によるものかどうかにかかわらず、次条及び第901条の規定により算定した相続分を超える部分については、登記、登録その他の対抗要件を備えなければ、第三者に対抗することができない。

遺言執行者による預金の払戻し・解約権限

〈事例〉被相続人は遺言書を作成しており、そのなかには「私が有する甲銀行の預金のすべてを共同相続人のうちの二男Aに相続させる。Bを遺言執行者に指定する」と記載していた。

（注）遺言者は、本項目の遺言執行者の権限について、遺言で別段の意思を表示することも可能です（新1014条4項）。

第4章　遺言執行者の権限が明確になる　　95

改正法

遺贈の履行義務者

　遺贈があった場合にその履行義務は誰にあるのか、これはケースによって異なります。遺言執行者がいる場合は当該遺言執行者が、遺言執行者がいない場合は相続人が遺贈を履行するのです。

　従来の相続法においても実務上このような取扱いでしたが、改正相続法では、その履行義務が規定により明確にされ、内容が分かりやすくなりました。

▶ 従来の相続法

　特定遺贈がされた場合、第一義的には相続人が遺贈義務者となりますが、遺言執行者がいる場合は、当該遺言執行者が遺贈を履行します。たとえば不動産が遺贈された場合、被相続人（遺言者）名義を受遺者名義に変えるには、遺言執行者が受遺者と共同で登記申請を行います。

　このように遺言執行者が遺贈を履行することから、遺贈の履行に関する被告適格を有するのは遺言執行者に限られるとする判例がありました（最判昭和43年5月31日）。

▶ 改正相続法の取扱い

　改正相続法では、遺言執行者がある場合には、遺贈の履行は「遺言執行者のみが」行うことができる旨が明文化されました（新1012条2項）。「遺言執行者のみが」とこのように規定されたのは、上記判例の趣旨を明らかにするためだといわれています。

　これにより、受遺者が遺贈の履行請求をするべき相手は遺言執行者であることが明確になりました。

遺言執行者による遺贈の履行義務

〈事例〉被相続人は遺言書に「私の甲銀行の預金は、Aに遺贈する。Bを遺言執行者に指定する」と記載していた。Aは被相続人の遠縁の親族にあたり、相続人ではない。

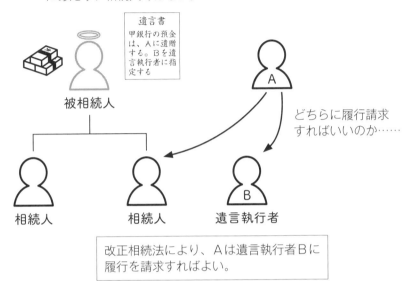

※新1012条2項は特定遺贈と包括遺贈を区別しておらず、特定遺贈だけでなく、包括遺贈についても適用されると解されます。

第４章・参考条文（改正後）

（遺言執行者の任務の開始）

第1007条 遺言執行者が就職を承諾したときは、直ちにその任務を行わなければならない。

2 遺言執行者は、その任務を開始したときは、遅滞なく、遺言の内容を相続人に通知しなければならない。

（遺言執行者の権利義務）

第1012条 遺言執行者は、遺言の内容を実現するため、相続財産の管理その他遺言の執行に必要な一切の行為をする権利義務を有する。

2 遺言執行者がある場合には、遺贈の履行は、遺言執行者のみが行うことができる。

3 第644条から第647条まで及び第650条の規定は、遺言執行者について準用する。

（特定財産に関する遺言の執行）

第1014条 前三条の規定は、遺言が相続財産のうち特定の財産に関する場合には、その財産についてのみ適用する。

2 遺産の分割の方法の指定として遺産に属する特定の財産を共同相続人の1人又は数人に承継させる旨の遺言（以下「特定財産承継遺言」という。）があったときは、遺言執行者は、当該共同相続人が第899条の2第1項に規定する対抗要件を備えるために必要な行為をすることができる。

3 前項の財産が預貯金債権である場合には、遺言執行者は、同項に規定する行為のほか、その預金又は貯金の払戻しの請求及びその預金又は貯金に係る契約の解約の申入れをすることができる。ただし、解約の申入れについては、その預貯金債権の全部が特定財産承継遺言の目的である場合に限る。

4 前二項の規定にかかわらず、被相続人が遺言で別段の意思を表示したときは、その意思に従う。

（遺言執行者の復任権）

第1016条 遺言執行者は、自己の責任で第三者にその任務を行わせることができる。ただし、遺言者がその遺言に別段の意思を表示したときは、その意思に従う。

2 前項本文の場合において、第三者に任務を行わせることについてやむを得ない事由があるときは、遺言執行者は、相続人に対してその選任及び監督についての責任のみを負う。

第 **5** 章

遺留分制度は、
こう変わる

- ●従来の遺留分制度の問題点〜「共有」になる〜　従来
- ●改正相続法で、「遺留分侵害額請求権」に　改正法
- ●従来の相続法における遺留分侵害額の計算方法　従来
- ●遺留分侵害額の計算方法がより明確に　改正法
- ●遺留分侵害額計算における従来の「債務」の取扱い　従来
- ●遺留分侵害額計算における、これからの「債務」の取扱い　改正法

従来の遺留分制度の問題点〜「共有」になる〜

　遺留分制度は、法定相続人（兄弟姉妹を除く）が一定の割合の相続財産を確保できるように、被相続人の自由な処分（贈与・遺贈）に制限を加える制度であり、遺留分はいわば兄弟姉妹以外の相続人に保障された最低限の相続分だといえます。

　遺留分を侵害された相続人は、侵害の原因となった遺贈（贈与）における受遺者（受贈者）に対して、「遺留分減殺請求権」を行使し、相続財産の一部を取り返すことが現行法上可能です。

▶ 従来の相続法における「減殺請求」の効力

　遺留分減殺請求をすると、遺留分を侵害する限りで遺贈・贈与が失効し、遺贈・贈与された目的物の所有権などは遺留分権利者に戻ります。

　その結果、遺留分権利者と遺贈・贈与を受けた者との間で、遺贈・贈与された目的物が共有状態になることがあります。

▶ 遺留分権利者と受遺者等との「共有問題」とは

　目的物が共有状態になると、様々な不都合が生じます。

　たとえば目的物が共有状態であれば、通常、売却などの処分は困難になります。持分を売却する方法もありますが、持分だけでは買い手が現れないことが一般的であり、仮に現れたとしても、希望の価額での売却にはならないでしょう。

　また、事業承継のために被相続人が後継者に店舗や工場などの事業資産を贈与・遺贈した場合は、遺留分減殺請求の結果、事業資産が共有状態となることで、事業の継続が困難になることも考えられます。

「遺留分減殺請求」の問題点

〈事例〉被相続人には子が3人いる。唯一の相続財産である自宅不動産が第三者に遺贈されたため、三男は遺留分が侵害されたとして、遺留分減殺請求を行う。

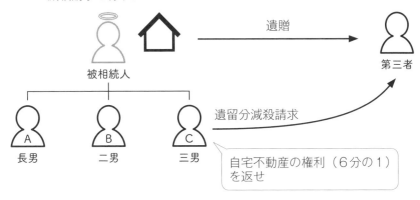

※三男の遺留分は6分の1
※遺留分減殺請求の効果は、「物権的効果」

遺留分権利者が減殺請求をした場合のその効果について、判例は次のように述べています。これを「物権的効果」といいます。

- 遺留分権利者の減殺請求により贈与又は遺贈は遺留分を侵害する限度において失効し、受贈者又は受遺者が取得した権利は右の限度で当然に減殺請求をした遺留分権利者に帰属する（最判昭和51年8月30日）

結果、目的物は遺留分権利者と受遺者・受贈者の共有状態となってしまう。

共有状態の問題点
①処分が困難になる（共有物まるごとの処分は共有者全員の同意が必要）。
②事業資産が共有状態なら、事業の継続性に問題が生じることがある。
③持分に応じた管理費用の負担など、共有者間で連絡を取り合わなければならない事項が多い。

改正相続法で、「遺留分侵害額請求権」に

　改正相続法では、前項の問題を解決するために、遺留分減殺請求権を「遺留分侵害額請求権」に改めました。相続人は、受遺者（特定財産承継遺言により財産を承継し又は相続分の指定を受けた相続人を含む）又は受贈者に対し、遺留分の権利を行使することで、遺留分侵害額に相当する「金銭」の支払を請求することができることになったのです（以下、この受遺者・受贈者のことを「受遺者等」といいます）。

▶「目的物」の返還請求権ではなく、「金銭」の請求権に一本化

　請求できるのは遺贈等の目的物の返還ではなく、あくまで金銭の支払です（新1046条1項参照）。遺留分権利者と受遺者等の共有問題を解消するために、権利の内容が改められたのです。このことから、「遺留分減殺請求権」ではなく、「遺留分侵害額請求権」と呼ばれることになりました。

▶ 受遺者等が支払う額、支払う順序について

　受遺者等が支払う額のみならず、受遺者等が複数いる場合、その支払う順序と割合が問題となります。

　これについては従来の相続法にあったルール（現行1033条～1035条）が、新1047条1項によって実質的に維持されています（詳細は次頁参照）。

▶ 受贈者等の保護

　遺留分侵害額請求権を行使された受遺者等が、まとまった金銭を有しないときに備え、保護の制度についても改正相続法は用意しました。

　その請求を受けた受遺者等の請求によって、裁判所は、当該請求により負担する債務の全部又は一部の支払について、相当の期限を許与することが可能であるとされたのでした（新1047条5項）。

「遺留分侵害額請求」の概要

〈事例〉被相続人には子が3人いる。唯一の相続財産である自宅不動産が第三者に遺贈されたため、三男は遺留分が侵害されたとして、遺留分侵害額の請求を行う。

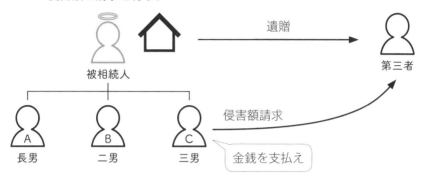

※目的物が共有になることはない。

受遺者等の負担関係（新1047条1項各号）

　受遺者等は、遺贈^(注1)又は贈与の目的の価額^(注2)を限度として、次のように遺留分侵害額を負担します。
①受遺者と受贈者とがいる場合
　→　受遺者が先に負担
②受遺者が複数いる場合（又は受贈者が複数いる場合でその贈与が同時にされた場合）
　→　目的物の価額の割合に応じて負担
③受贈者が複数いる場合（②の場合を除く）
　→　後の贈与に係る受贈者から順次前の贈与に係る受贈者が負担
（注1）特定財産承継遺言による財産の承継又は相続分の指定による遺産の取得を含みます。
（注2）受遺者又は受贈者が相続人である場合にあっては、当該価額から新1042条の規定による遺留分として当該相続人が受けるべき額を控除した額。

従来の相続法における遺留分侵害額の計算方法

　従来の相続法においては条文上明確ではなかった遺留分侵害額の算定方法が、改正相続法では明確になりました。ここでは、従来の相続法実務における遺留分侵害額の算定方法を確認しましょう（最判平成8年11月26日参照）。

▶ 遺留分侵害額の計算〜第1段階〜

　遺留分侵害額を計算する前提として、相続人の「遺留分額」を計算します。遺留分額とは、簡単に述べると「遺留分権利者に保障された最低限度の相続できる額」だと思ってください。計算式は次の通りです。

遺留分額＝（被相続人が相続開始時に有していた財産の価額＋贈与財産額－相続債務額）×個別的遺留分の割合[注]

(注)　個別的遺留分の割合とは、それぞれの遺留分権利者に認められた最低限度の相続できる割合のこと。これは総体的遺留分（遺留分権利者全体で最低限度の相続できる割合）に、それぞれの遺留分権利者の法定相続分を乗じることで計算します。

▶ 遺留分侵害額の計算〜第2段階〜

　遺留分額を計算できた後は、遺留分侵害額を計算します。計算式は次の通りです。

遺留分侵害額＝遺留分額－（遺留分権利者が特別受益で受けた財産額＋相続で得た財産額）＋遺留分権利者が負担すべき債務額

従来の相続法における遺留分侵害額計算

〈事例〉被相続人には配偶者と子が1人いる。被相続人の相続開始時の遺産は現金5,000万円と不動産（1,000万円）、債務100万円。被相続人が、その愛人に死亡の数か月前に贈与した額は現金500万円。さらに被相続人は、その愛人に遺産のうちの現金（5,000万円）のすべてを遺贈した。配偶者相続人は、遺留分減殺請求をしたい。

第1段階　配偶者相続人の遺留分額

(6,000万円＋500万円－100万円)×$\frac{1}{2}$×$\frac{1}{2}$＝1,600万円

従来の相続法は、贈与は原則として相続開始前の1年間にしたものに限ると明文で示しているが、この贈与が相続人に対する特別受益なら、判例通説は、特別受益に該当する生前贈与は1年よりも前になされたものも含むとしていた（最判平成10年3月24日参照）。

仮に贈与が負担付贈与であった場合に、従来は「負担付贈与は、その目的の価額から負担の価額を控除したものについて、その減殺を請求することができる（現行1038条）」とされていた。これについて、遺留分算定時の「贈与財産額」に、贈与額から負担の価額を控除したものを算入するのか、目的の価額の全額を算入するのか、論点であった。

第2段階　配偶者相続人の遺留分侵害額

1,600万円－（相続で得た不動産の2分の1に係る500万円）＋相続債務50万円＝1,150万円

「遺留分権利者が相続で得た財産額」は、遺産分割の対象となる財産があった場合に、「具体的相続分に相当する額」とするのか「遺産分割によって実際に取得する（した）額」とするのか、条文上明確ではない。

遺留分侵害額の計算方法がより明確に

　改正相続法において、遺留分侵害額の計算の仕方がより明確となりました。計算式の概要について規定（新1046条2項参照）されましたが、104頁でご紹介した「最判平成8年11月26日」における考え方とその基本は変わっていません。

▶ 相続人に対する特別受益額

　相続人への特別受益に該当する贈与について、何十年前のものでも遺留分額算定時（104頁の第1段階）の「贈与財産額」に含める従来の相続法とは異なり、改正相続法では、「相続開始前10年間にしたものに限る」取扱いとなりました（新1044条3項）。10年で区切ることで、遺留分権利者にとっては立証の負担が減り、遺留分侵害額請求を受ける者にとっても、請求される額に予想が立つことになるのです。

▶ 負担付贈与、不相当な対価による有償行為の取扱い

　負担付遺贈があった場合は、遺留分額算定時（104頁の第1段階）の「贈与財産額」に、目的物の価額から負担の価額を控除した額を算入することになりました（新1045条1項）。（一部算入説の採用）。また、不相当な対価による有償行為があった場合も、当事者双方が遺留分権利者に損害を与えることを知ってしたものに限り、当該対価を負担の価額とする負担付贈与とみなされます（新1045条2項）。

▶「遺留分権利者が相続で得た財産額」が明確に

　遺産分割の対象となる財産があったとしても、新900条から新902条まで、新903条及び新904条の規定により算出した具体的相続分が、遺留分侵害額算定における「遺留分権利者が相続で得た財産額」であることが明確になりました（新1046条2項2号）。

改正相続法における遺留分侵害額計算

〈事例〉 被相続人には配偶者と子が1人いる。被相続人の相続開始時の遺産は現金5,000万円と不動産（1,000万円）、債務100万円。被相続人は、配偶者相続人に特別受益に該当する贈与を相続開始より20年前にしていた（特別受益に該当する贈与財産額300万円）。被相続人が、その愛人に死亡の数か月前に贈与した額は現金500万円だが、それは負担付贈与で200万円相当の負担がある。さらに被相続人は、その愛人に遺産のうちの現金（5,000万円）のすべてを遺贈。配偶者相続人は、遺留分侵害額請求をしたい。

第1段階　配偶者相続人の遺留分額

$$(6,000万円＋負担付贈与 \underline{300万円} －100万円) × \frac{1}{2} × \frac{1}{2} ＝1,550万円$$

（注）相続人に対する特別受益に該当する贈与があっても、相続開始より10年以上前のものなら遺留分算定の「贈与財産額」に含めない

（注）負担付贈与は、遺留分算定時に「目的の価額から負担を控除したもの」を加える

第2段階　配偶者相続人の遺留分侵害額

1,550万円－（特別受益額300万円＋<u>相続で得た不動産の2分の1に係る500万円</u>）＋相続債務50万円＝800万円

（注）相続開始より20年前の特別受益に該当する贈与額は、遺留分算定時の「贈与財産額」には算入しないが、遺留分侵害額の計算においては、遺留分権利者が特別受益で受けた財産額として算入する（部会資料20「積残しの論点について（1）」47頁参照）

（注）遺産分割の内容にかかわらず、遺留分権利者が相続で得た財産額として、法定相続分で計算した額を控除する

遺留分侵害額計算における従来の「債務」の取扱い

　遺留分侵害額の計算過程では、遺留分額に相続債務を加算します。
　しかしながら、この計算に基づくと、「ある場面」において実務上の不都合が生じたのが従来の相続法でした。ここでは従来の相続法での問題点を説明します。

▶ 遺留分侵害額の計算過程を確認

　104頁で解説しましたが、従来の相続法では遺留分侵害額は下記の要領で計算します。

遺留分侵害額＝遺留分額－（遺留分権利者が特別受益で受けた財産額＋相続で得た財産額）＋遺留分権利者が負担すべき債務額

▶ 受遺者等が被相続人の債務を負担したら……

　被相続人が有していた債務は、相続の開始と同時に相続人に承継され、相続債権者は相続人に対して債権を行使することが可能です。
　一方で、現実的には受遺者等が被相続人の債務を負担することがあります。たとえば受遺者が被相続人の連帯保証人であった場合は、相続債権者は受遺者に請求し、受遺者が相続人に代わって弁済することもあるでしょう。
　受遺者等が相続人に代わって相続債権者に弁済したら、受遺者は相続人にその分だけ求償が可能です。相続債務は遺留分侵害額の計算に含まれているため、遺留分権利者は、相続債務額について求償に応じることになってしまいます。

遺留分侵害額の計算における「債務」の取扱い

〈事例〉被相続人には配偶者と子が1人いる。被相続人の遺産は現金500万円、自宅不動産（5,000万円）及び負債100万円である。被相続人は生前に遺言書を作成していて、第三者に自宅不動産を遺贈するとしていた。なお、受遺者が被相続人の負債100万円を弁済した。この状況で、配偶者相続人は遺留分減殺請求を行う。

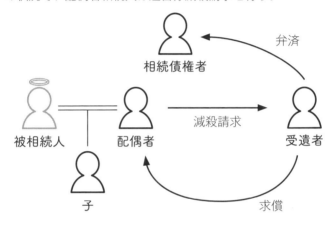

※配偶者相続人の遺留分侵害額の計算

① $(5,500万円 - 100万円) \times \frac{1}{2} \times \frac{1}{2} = 1,350万円$

② 1,350万円 － 相続で得た財産額250万円 ＋ 相続債務50万円 ＝ 1,150万円

〈問題点〉
配偶者相続人の遺留分侵害額の計算において、相続債務50万円が加算されている。

配偶者相続人は、「相続債務50万円部分を含めた」遺留分侵害額について、減殺請求を行っている。

しかし相続債務は受遺者が相続人に代わって弁済していたため、受遺者が配偶者相続人に求償する……。

改正法

遺留分侵害額計算における、これからの「債務」の取扱い

　改正相続法では、前頁で述べた迂遠な求償関係を回避するべく、新たな規定が設けられました。受遺者等が弁済した相続債務について、消滅した相続債務の額を限度として、受遺者等は遺留分権利者に負担する債務を消滅させることが可能になったのです。

▶ 受遺者等の「権利」

　遺留分侵害額請求を受けた受遺者等は、遺留分権利者が承継した債務について弁済等の債務消滅に係る行為をしたときは、消滅した債務の額の限度において、遺留分権利者に対する意思表示によって、遺留分侵害額請求によって負担する債務を消滅させることができます（新1047条3項）。

　これは受遺者等の「権利」であり、その主張をすることで債務（遺留分侵害額請求権を行使された際の債務）消滅の効果があります。同時に、受遺者等が遺留分権利者に対して取得した求償権は、消滅した当該債務の額の限度で消滅します。

▶ 「要件」を確認

　受遺者等が上記の権利を主張するためには、以下の要件が必要です。

　受遺者等が
- 遺留分権利者承継債務について弁済その他の債務消滅行為をした
- 遺留分権利者に対して債務消滅の意思表示をする

受遺者等が相続債務を弁済した場合の取扱い

〈事例〉被相続人の相続人は、子1人のみである。被相続人の遺産は現金500万円、自宅不動産（5,000万円）及び負債100万円である。被相続人は生前に遺言書を作成していて、第三者に自宅不動産を遺贈するとしていた。なお、受遺者が被相続人の負債100万円を弁済した。この状況で、相続人は遺留分侵害額請求を行うが、受遺者は消滅させた相続債務の額について遺留分侵害額の負担を免れる意思表示をした。

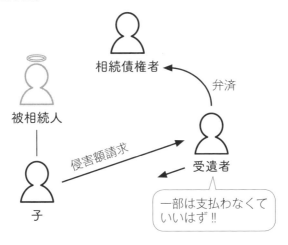

※相続人の遺留分侵害額の計算

①$(5,500万円－100万円)\times\dfrac{1}{2}=2,700万円$

②$2,700万円－相続で得た財産額500万円＋相続債務100万円=2,300万円$

〈改善点〉

相続人が遺留分侵害額の請求をしたところ、受遺者は、侵害額請求に係る債務の一部（100万円）について、相続債務弁済による消滅を主張することが可能。

受遺者は債務のうち、消滅させた部分を除く残額を支払えばよく、求償関係は生じない（遺留分侵害額に関する債務消滅の効果として、求償権が消滅）

第5章・参考条文（改正後）

第1044条 贈与は、相続開始前の1年間にしたものに限り、前条の規定により
その価額を算入する。当事者双方が遺留分権利者に損害を加えることを知って贈
与をしたときは、1年前の日より前にしたものについても、同様とする。

2 第904条の規定は、前項に規定する贈与の価額について準用する。

3 相続人に対する贈与についての第一項の規定の適用については、同項中「1
年」とあるのは「10年」と、「価額」とあるのは「価額（婚姻若しくは養子縁組
のため又は生計の資本として受けた贈与の価額に限る。）」とする。

第1045条 負担付贈与がされた場合における第1043条第1項に規定する贈与
した財産の価額は、その目的の価額から負担の価額を控除した額とする。

2 不相当な対価をもってした有償行為は、当事者双方が遺留分権利者に損害を加
えることを知ってしたものに限り、当該対価を負担の価額とする負担付贈与とみ
なす。

（遺留分侵害額の請求）

第1046条 遺留分権利者及びその承継人は、受遺者（特定財産承継遺言により
財産を承継し又は相続分の指定を受けた相続人を含む。以下この章において同
じ。）又は受贈者に対し、遺留分侵害額に相当する金銭の支払を請求することが
できる。

2 遺留分侵害額は、第1042条の規定による遺留分から第1号及び第2号に掲げ
る額を控除し、これに第3号に掲げる額を加算して算定する。

一 遺留分権利者が受けた遺贈又は第903条第1項に規定する贈与の価額

二 第900条から第902条まで、第903条及び第904条の規定により算定した相
続分に応じて遺留分権利者が取得すべき遺産の価額

三 被相続人が相続開始の時において有した債務のうち、第899条の規定により
遺留分権利者が承継する債務（次条第3項において「遺留分権利者承継債務」
という。）の額

第**6**章

相続の効力等に関する見直し

- ●従来の相続法における共同相続時の「対抗要件」 従来
- ●改正相続法における共同相続時の「対抗要件」 改正法
- ●債権を共同相続した場合の「対抗要件」 改正法
- ●従来の相続法での、「相続分の指定」がある場合の債権者 従来
- ●相続分の指定がある場合の債権者の立場が明確に 改正法
- ●遺言執行者がいる場合の相続人の行為の効力〜従来〜 従来
- ●遺言執行者がいる場合の相続人の行為の効力〜改正相続法〜 改正法

従来の相続法における共同相続時の「対抗要件」

　共同相続の場面において、法定相続分を超える権利の承継を受けた相続人が、その権利を第三者に主張するときに「対抗要件」が必要か否かは、これまでの相続法では論点となり、解釈が必要でした。

　改正相続法では、この状態を解消するべく新規定を設けましたが、ここでは従来の相続法の取扱いを解説します。

▶ 遺言による財産処分

　遺言によって、法定相続分を超える「相続分の指定」がなされた場合（たとえば「長男の相続分を遺産の4分の3と指定する」旨の遺言があった場合）の不動産の権利取得について、判例によると、権利を承継した相続人は登記（対抗要件）なくしてその権利を第三者に対抗できるとしていました（最判平成5年7月19日参照）。

　また、「相続させる」旨の遺言（たとえば「甲不動産を長男に相続させる」旨の遺言）がある場合に、それを遺産分割方法の指定とした上で、法定相続分を超える権利を取得した相続人は、その権利を登記なくして第三者に対抗できるともされていました（最判平成14年6月10日参照）。

▶ 遺産分割による場合

　遺産分割によって、法定相続分を超える不動産に関する権利を取得した相続人は、登記を具備しない間に登場した第三者に対して、登記がなければその権利を対抗することはできません（最判昭和46年1月26日参照）。遺産の分割は、遡及効が認められるものの、第三者との関係では、相続人が相続によりいったん取得した権利につき、分割時に新たな変更を生ずるのと実質上異ならないためです。

法定相続分を超える権利を取得した場合の対抗要件

〈事例〉被相続人は、「甲不動産を長男に相続させる」旨の遺言書を作成していた。二男は法定相続分の通りに登記をし、第三者に当該持分権を譲渡し、第三者は登記を備えた。

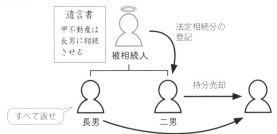

※長男は登記なくして不動産の権利（所有権全部）を主張できる。
問題点：遺言の有無と内容は第三者には分からない（取引の安全を害する）。
（注）この事例は「相続させる」旨の遺言があった場合の事例だが、相続分の指定に係る遺言があった場合も同様である。たとえば「長男の相続分を遺産の4分の3と指定する」とされていた場合も、長男は指定相続分までは登記なくして権利の主張ができる。

〈事例〉共同相続人は、「甲不動産は長男が相続する」とする遺産分割協議を行った。協議の後、二男は法定相続分の登記を申請し、第三者に当該持分を譲渡し、第三者は登記を備えた。

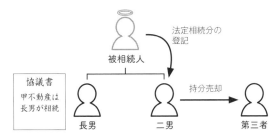

※長男は登記なくして法定相続分を超える権利の取得を主張できない。
（遺産分割には遡及効があるものの、本来二男が取得するはずだった二男の法定相続分が遺産分割により長男に、持分売却により第三者にそれぞれ譲渡されたとみることができ、二重譲渡類似の状況といえ、177条を用いて処理することが取引の安全に寄与する）

改正相続法における共同相続時の「対抗要件」

改正法

　改正相続法では、相続によって法定相続分を超える権利を承継した者は、当該超える部分について、「登記等の対抗要件がなければ第三者にその権利取得を対抗できない」と規定されるに至りました。このような取扱いが取引の安全につながるためです。

▶ 対抗要件がより重要に

条文によると、下記のように規定されました。

新899条の2第1項　相続による権利の承継は、遺産の分割によるものかどうかにかかわらず、次条及び第901条の規定により算定した相続分（法定相続分）を超える部分については、登記、登録その他の対抗要件を備えなければ、第三者に対抗することができない。

（注）かっこ書きは著者が挿入

　上記の規定が設けられたのは以下の理由からです。

・取引の安全を図るため

　→前頁で解説したように、遺言の有無や内容は第三者には分からない。

・114頁で解説した相続分の指定や「相続させる」旨の遺言がある場合でも、「意思表示」によって権利変動が生じている。

　→意思表示によって権利変動が生じる他の場面では、原則として第三者に物権変動を対抗するためには対抗要件が必要である（177条、178条参照）。遺言で相続分の指定がされた場合や「相続させる」旨が記載された場合も、同様の取扱いにしても特段の違和感はない。

法定相続分を超える権利を取得した場合の対抗要件―改正相続法

〈事例〉「長男の相続分を4分の3と指定する」旨の遺言書があったが、二男は法定相続分の通りに登記をし、第三者に当該持分権を譲渡した。

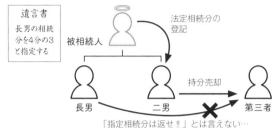

※長男は、法定相続分を超える部分の権利取得について、登記等の対抗要件がなければ第三者に対抗できない。

（注）従来の判例における取扱いを変更し、取引の安全に配慮した取扱いにした（つまり、第三者は二男からその法定相続分に相当する持分を購入する場合、登記を確認し、自己に当該権利の移転登記が可能であれば安心して購入できる）。

〈事例〉共同相続人は、「乙動産は長男が相続する」とする遺産分割協議を行った。協議の後、乙動産を管理していた二男は第三者に当該動産を売却し、現実の引渡しを行った。

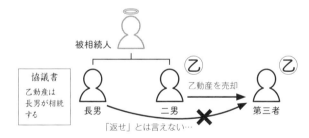

※長男は、乙動産について、対抗要件（引渡し）がなければ第三者に対抗できない。

（注）遺産分割後に登場した第三者に対して、遺産分割によって権利を取得した相続人が当該権利を対抗するためには登記が必要であるとした「最判昭和46年1月26日」は、不動産に関する判例であった。今後は不動産以外も新899条の2第1項により、対抗要件（動産なら引渡し）がなければ法定相続分を超える部分の権利を対抗できなくなることが明確になった。

> 今後は登記等の対抗要件を早期に備えることがより重要になる。

第6章　相続の効力等に関する見直し　117

> **改正法**

債権を共同相続した場合の「対抗要件」

　相続する対象は不動産や動産のみならず、債権を相続する場合もあります。

　債権を共同相続した場合の「対抗要件」について、従来の相続法では条文で明らかとはいえませんでしたが、改正相続法において、新たな規律が用意されました。

▶ 従来の相続法での債権相続の対抗要件

　指名債権が特定遺贈された場合につき、判例は遺贈義務者による債務者に対する通知又は債務者の承諾がなければ、受遺者は、遺贈による債権の取得を債務者に対抗することができないとしています（最判昭和49年4月26日）。

　一方で、遺言（相続分の指定や「相続させる」旨の遺言）で債権を相続する場合や、遺産の分割で預貯金債権を相続する場合等については、通知又は承諾が必要か否か定かではありませんでした。

▶ 改正相続法で債権相続の対抗要件が明確に

　この度の改正で、共同相続の場面における債権相続の対抗要件が分かりやすくなりました。相続による債権の承継は、遺産の分割によるものかどうかにかかわらず、法定相続分を超えて当該債権を承継した共同相続人が遺産分割や遺言の内容を明らかにして債務者にその承継を通知したときは、共同相続人の全員が債務者に通知をしたものとみなして、当該法定相続分を超える権利取得を対抗できるとされました（新899条の2第2項）。

法定相続分を超える債権を取得した場合の対抗要件—改正相続法

〈事例〉被相続人は「丙債権は二男に相続させる」旨の遺言書を作成して死亡した。二男は、丙債権の債務者に、自己が単独で丙債権を取得し、債権者となったことを対抗したいと考えている。

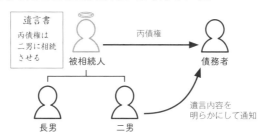

※遺言により共同相続人のうちの特定の者が債権を法定相続分を超えて相続することになった場合、当該特定の者が遺言（遺産分割によって相続することになった場合は遺産分割）の内容を明らかにして債務者にその承継の通知をすれば、共同相続人の全員が債務者に通知をしたものとみなされます。

遺産分割・遺言による債権相続の対抗要件

①法定相続分を超えて債権を相続する相続人からの債務者への通知（通知のときに遺産分割又は遺言の内容を明らかにする）
②相続人全員からの債務者への通知
③債務者による承諾

（注）第三者対抗要件として、上記①から③の通知又は承諾は、確定日付のある証書によって行う。

従来の相続法での、「相続分の指定」がある場合の債権者

　現行902条1項は「被相続人は、……、遺言で、共同相続人の相続分を定め……ることができる」と規定しています。この規定をそのまま読めば、相続債務に関しても、不動産等のプラスの相続財産と同じように、指定された相続分で各相続人に承継されると読むこともできるように思えます。
　では、相続債務に関しても、相続分の指定は効力を発揮するのでしょうか。従来の相続法の取扱いを解説します。

▶ 判例の見解

　これについて判例は、遺言により相続債務を含めた相続分の指定は可能であるとしつつも、それは「相続債務の債権者（……相続債権者……）の関与なくされたものであるから、相続債権者に対してはその効力が及ばないものと解するのが相当」としています（最判平成21年3月24日）。
　したがって、相続債権者は、法定相続分に応じて各債権者に権利の行使が可能です。

▶ 相続債権者が指定相続分を認めた場合

　一方で、同判例は次のようにも述べています。相続人の側から「指定相続分に応じて相続債務を承継したことを主張することはできないが、相続債権者の方から相続債務についての相続分の指定の効力を承認し、各相続人に対し、指定相続分に応じた相続債務の履行を請求することは妨げられないというべき」である。債権者の意向により、指定相続分による相続債務の承継を認めることは可能なのです。

債務に関する相続分の指定があった場合の債権者の対応

〈事例〉被相続人には配偶者Aと子Bが1人いる。被相続人の遺産としては、預貯金だけでなく、借金（1,000万円）もあった。被相続人は遺言書を作成しており、そこには「債務を含むすべての遺産につき、相続分をAは1、Bは9と指定する」と記載されていた。

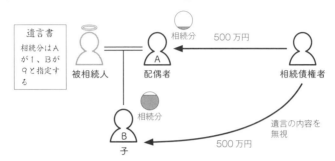

※相続人の側から遺言の内容（相続債務につきAが1、Bが9の割合で負担すると指定されていたこと）を債権者に対抗することはできない（この結論は、相続人間で「相続債務についてAが1、Bが9の割合で負担する」と合意した場合も同様）。

〈事例〉被相続人には配偶者Aと子Bが1人いる。被相続人の遺産としては、預貯金だけでなく、借金（1,000万円）もあった。被相続人は遺言書を作成しており、そこには「債務を含むすべての遺産につき、相続分をAは1、Bは9と指定する」と記載されていた。相続債権者は、相続分の指定の効力を承認した。

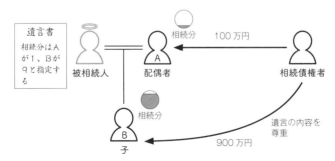

※相続債権者から、相続分の指定の効力を承認し、指定相続分に応じて債権を行使できる。

第6章 相続の効力等に関する見直し

改正法

相続分の指定がある場合の債権者の立場が明確に

　遺言で相続分の指定がなされた場合の相続債権者の立場は、「最判平成21年3月24日」を要約すれば、①指定相続分に縛られることなく、各相続人に、法定相続分に応じて請求が可能であるが、②相続債務についての相続分の指定の効力を承認し、指定相続分に応じて権利行使することも可能というべき、とされていました。

　改正相続法は、上記の判例の見解を明文化するべく、新902条の2を規定するに至りました。

▶ 改正相続法で「明文化」

　改正相続法には、次のように規定されました。

新902条の2　被相続人が相続開始の時において有した債務の債権者は、前条の規定による相続分の指定がされた場合であっても、①各共同相続人に対し、第900条及び第901条の規定により算定した相続分に応じてその権利を行使することができる。②ただし、その債権者が共同相続人の1人に対してその指定された相続分に応じた債務の承継を承認したときは、この限りでない。（①と②は著者が挿入）

　①にあるように、相続債権者は相続分の指定に縛られないことが明確になりました。「第900条及び第901条の規定により算定した相続分」とは、法定相続分のことです。

　②は、上記判例でも触れられていたように、指定相続分の割合による債務の承継を相続債権者が承認し、各相続人の指定相続分に応じて権利行使できる旨を認めています。

相続人による遺言内容に反する行為（遺言執行者がいる場合）

〈事例〉被相続人の遺言には「不動産はＸに遺贈する。Ｙを遺言執行者に指定する」と記載されていたものの、その遺言者の相続人Ａが、相続開始後に当該不動産を自己名義に変更し、第三者Ｂに売却し移転登記まで済ませた。

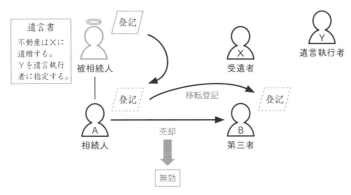

※遺言執行者がある場合には、相続人が遺贈の目的物についてした処分行為は無効（最判昭和62年4月23日、大判昭和5年6月16日参照）

 一方で、遺言執行者がいない場合は……

遺言執行者がいない場合は、受遺者と第三者は民法177条の対抗関係に立つとする見解がある（つまり遺言執行者がいないのなら、第三者は登記を備えれば保護される）。

参考：最判昭和39年3月6日
甲からその所有不動産の遺贈を受けた乙がその旨の所有権移転登記をしない間に、甲の相続人の一人である丙に対する債権者丁が、丙に代位して同人のために前記不動産につき相続による持分取得の登記をなし、ついでこれに対し強制競売の申立をなし、当該申立が登記簿に記入された場合においては、丁は、民法第177条にいう第三者に該当する。

※第三者には通常分からない遺言の内容（遺言執行者の有無）によって、第三者が保護されるかどうか結論が変わってしまい、取引の安全を害する。

＜改正法＞

遺言執行者がいる場合の相続人の行為の効力〜改正相続法〜

　改正相続法では、遺言執行者がいる場合の相続人の行為の効力について明文化されました。そしてその内容は、これまでの「絶対無効」から改められることになったのでした。

▶ 改正相続法で、第三者保護規定が定められた

1013条に、2項と3項が加わりました。

　1項：遺言執行者がある場合には、相続人は、相続財産の処分その他遺言の執行を妨げるべき行為をすることができない。

　2項：前項の規定に違反してした行為は、無効とする。ただし、これをもって善意の第三者に対抗することができない。〈新設〉

　3項：前二項の規定は、相続人の債権者（相続債権者を含む。）が相続財産についてその権利を行使することを妨げない。〈新設〉

　2項に注目してください。遺言執行者がいる場合の相続人の行為の効力について、絶対無効ではなく、善意の第三者との間では対抗問題としています（次頁を参照）。

　なお、第三者が保護されるためには無過失までは求められていません。無過失まで求めると、第三者に遺言の存否についての調査義務まで生じ、過大な負担となると考えられるためです。

　また、3項では、債権者を保護する規定も用意されました。債権者の権利行使の可否が、この規定によって明確になりました。

相続人による遺言内容に反する行為（遺言執行者がいる場合）

〈事例〉被相続人の遺言には「不動産はＸに遺贈する。Ｙを遺言執行者に指定する」と記載されていたものの、その遺言者の相続人Ａが、相続開始後に当該不動産を自己名義に変更し、第三者Ｂに売却し移転登記まで済ませた。

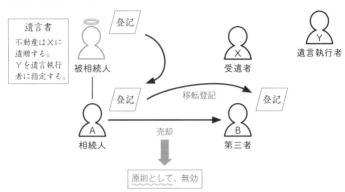

※Ｂが善意（つまり、被相続人が遺言で不動産をＸに遺贈し、Ｙを遺言執行者に指定していたという事情を知らない）のであれば、ＸとＢは対抗関係になる。

（補足）対抗関係とは
簡単に述べると、本件における対抗関係とは、先に不動産の登記名義を備えたものが勝つということです。Ｂが善意で登記を備えていれば、遺言執行者がいても、遺言執行者やＸは、Ｂに不動産を引き渡せとは言えず、Ｂが保護されることになります。

第６章　相続の効力等に関する見直し

第6章・参考条文（改正後）

（共同相続における権利の承継の対抗要件）

第899条の2　相続による権利の承継は、遺産の分割によるものかどうかにかかわらず、次条及び第901条の規定により算定した相続分を超える部分については、登記、登録その他の対抗要件を備えなければ、第三者に対抗することができない。

2　前項の権利が債権である場合において、次条及び第901条の規定により算定した相続分を超えて当該債権を承継した共同相続人が当該債権に係る遺言の内容（遺産の分割により当該債権を承継した場合にあっては、当該債権に係る遺産の分割の内容）を明らかにして債務者にその承継の通知をしたときは、共同相続人の全員が債務者に通知をしたものとみなして、同項の規定を適用する。

（相続分の指定がある場合の債権者の権利の行使）

第902条の2　被相続人が相続開始の時において有した債務の債権者は、前条の規定による相続分の指定がされた場合であっても、各共同相続人に対し、第900条及び第901条の規定により算定した相続分に応じてその権利を行使することができる。ただし、その債権者が共同相続人の1人に対してその指定された相続分に応じた債務の承継を承認したときは、この限りでない。

（遺言の執行の妨害行為の禁止）

第1013条　遺言執行者がある場合には、相続人は、相続財産の処分その他遺言の執行を妨げるべき行為をすることができない。

2　前項の規定に違反してした行為は、無効とする。ただし、これをもって善意の第三者に対抗することができない。

3　前二項の規定は、相続人の債権者（相続債権者を含む。）が相続財産についてその権利を行使することを妨げない。

第7章

特別の寄与
～相続人以外の者を保護する制度～

- 従来の相続法における寄与分制度の問題点　従来
- 改正相続法により、
  相続人以外の者の特別の寄与も考慮　改正法

従来の相続法における寄与分制度の問題点

　この度の相続法改正前から、「寄与分」制度が存在します。これは、被相続人の療養看護その他の方法により被相続人の財産の維持又は増加について特別の寄与をした者（相続人に限る）がいた場合において、その者が法定相続分以上に相続できることになる制度です。
　しかしながら、寄与分制度だけでは、親族間の公平を保てない場合が多々ありました。ここでは、この度の相続法改正前から寄与分制度の問題点について解説します。

▶ 寄与分が認められるのは「相続人」

　寄与分は、「相続人」にだけ認められます。904条の２において、「共同相続人中に（…中略…）特別の寄与をした者があるときは」と規定されていることから、それが分かります。
　このことが、後々に親族間の不公平につながることがありました。

▶ これまでの寄与分制度だけでは、親族間の公平が保てない？

　現実的には、相続人ではない者が、被相続人の療養看護等を行う場合がよくあります。たとえば被相続人Ａの相続人である長男Ｂの配偶者Ｃが、被相続人の療養看護などをする場合です。
　このような場合は、Ａの相続開始後に、相続人ではないＣは自らの「寄与分」を主張し、遺産を承継することはできません。事案によっては、Ｂの寄与分のなかにＣの療養看護による貢献を含めることは可能かもしれませんが、Ｃ独自で、寄与分の主張をすることはできないのです（また、Ａより長男Ｂが先に死亡した場合には、ＣはＡの相続に関する寄与分の主張はそれこそできなくなります。長男ＢがＡの相続人にならず、Ｂの寄与分のなかに、Ｃの貢献を含めることができないからです）。

寄与分制度の問題点～相続人以外には、独自の寄与分は認められない～

〈事案〉被相続人Aには配偶者、長男B及び二男がいる。長男Bは、被相続人の療養看護その他の方法により被相続人の財産の維持又は増加について特別の寄与をしたといえる。

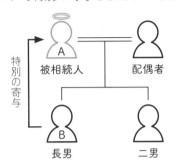

長男Bは相続人であるため、寄与分を含めて相続することが可能である。

〈事案〉被相続人Aには配偶者、長男B及び二男がいる。長男Bの配偶者Cは、被相続人の療養看護その他の方法により被相続人の財産の維持又は増加について特別の寄与といえる行為をしたといえる。

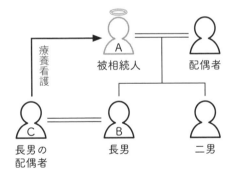

C独自の寄与分の主張はできない（ただし相続人Bの寄与分の主張のなかに、Cの貢献を含めることはできる）。

※なお、BがAより先に死亡した場合は、BはAの相続人にならない。したがって、Aの相続に関し、CはBの寄与分の主張のなかに自身の貢献を含めることができない。

被相続人の財産維持又は増加に貢献した人が相続人でなければ寄与分の主張は原則できず、親族間で不公平になる場合がある。

> **改正法**

改正相続法により、相続人以外の者の特別の寄与も考慮

　改正相続法において、相続人以外の一定の者が、被相続人に対して無償で療養看護等をしたことにより被相続人の財産の維持又は増加について特別の寄与をした場合に、相続の開始後、その者は相続人に対して金銭の支払いを請求できることになりました。相続人以外の者も、貢献の内容によっては、自らの被相続人の財産の維持又は増加への寄与を法的に主張できるようになったのです。

▶ 特別寄与者・特別寄与料とは

　被相続人に対して「無償で」療養看護その他の労務の提供をしたことにより、被相続人の財産の維持又は増加について特別の寄与をした被相続人の親族（相続人、相続放棄をした者、相続欠格者、被廃除者は除く）のことを「特別寄与者」といいます（新1050条1項参照）。

　特別寄与者は相続の開始後、相続人に金銭の支払を請求することができ、この金銭のことを「特別寄与料」といいます（新1050条1項参照）。

▶ 特別寄与料の請求は一定の期間に

　特別寄与料の支払について、当事者間に協議が調わないとき、又は協議をすることができないときは、特別寄与者は、家庭裁判所に対して協議に代わる処分を請求することが可能です（新1050条2項本文）。ただし、特別寄与者が相続の開始及び相続人を知った時から6か月を経過したとき、又は相続開始の時から1年を経過したときは、この限りではありません（新1050条2項ただし書）。なお、この期間は両方とも除斥期間です（部会資料24-2補足説明（要綱案のたたき台(3)）41頁参照）。

特別寄与者による特別寄与料の請求

〈事例〉被相続人Aには相続人として配偶者、二男がいる（Aには長男Bがいたが、BはA死亡よりも前に他界）。長男Bの配偶者Cは、被相続人Aに対して無償で療養看護をしたことにより、被相続人Aの財産の維持又は増加について特別の寄与をしたといえる。

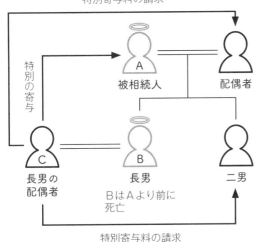

Cは独自の権利として特別寄与料の支払請求をAの相続人にすることが可能。

（注）特別寄与料の請求ができるのは被相続人の親族であるが、親族とは、①六親等内の血族、②配偶者、③三親等内の姻族のこと（725条参照）。CはAの親族にあたる。

特別寄与料の請求に関するポイント
- 特別寄与料の額は、被相続人が相続開始の時において有した財産の価額から遺贈の価額を控除した残額を超えることができません（新1050条4項）。
  →被相続人がすべての財産を遺贈しておけば、特別寄与者は特別寄与料の請求ができなくなります。
- 相続人が数人いる場合は、各相続人の負担額は、特別寄与料の額に法定相続分を乗じた額です（新1050条5項）。
  →上記の事例であれば、Cは被相続人Aの配偶者に2分の1、二男に2分の1の割合で特別寄与料を請求できます。

第7章・参考条文（改正後）

第10章　特別の寄与

第1050条　被相続人に対して無償で療養看護その他の労務の提供をしたことにより被相続人の財産の維持又は増加について特別の寄与をした被相続人の親族（相続人、相続の放棄をした者及び第891条の規定に該当し又は廃除によってその相続権を失った者を除く。以下この条において「特別寄与者」という。）は、相続の開始後、相続人に対し、特別寄与者の寄与に応じた額の金銭（以下この条において「特別寄与料」という。）の支払を請求することができる。

2　前項の規定による特別寄与料の支払について、当事者間に協議が調わないとき、又は協議をすることができないときは、特別寄与者は、家庭裁判所に対して協議に代わる処分を請求することができる。ただし、特別寄与者が相続の開始及び相続人を知った時から6箇月を経過したとき、又は相続開始の時から1年を経過したときは、この限りでない。

3　前項本文の場合には、家庭裁判所は、寄与の時期、方法及び程度、相続財産の額その他一切の事情を考慮して、特別寄与料の額を定める。

4　特別寄与料の額は、被相続人が相続開始の時において有した財産の価額から遺贈の価額を控除した残額を超えることができない。

5　相続人が数人ある場合には、各相続人は、特別寄与料の額に第900条から第902条までの規定により算定した当該相続人の相続分を乗じた額を負担する。

■著者紹介

碓井　孝介（うすい　こうすけ）

　1984年北海道札幌市生まれ。司法書士（簡裁訴訟代理等関係業務認定）。司法書士平成事務所（札幌市中央区）にて、相続業務・遺言関連業務等を中心に手掛ける。「依頼人と共に解決する」を信条とする。

　著書は『はじめての相続登記ひとりで手続ガイド』（中央経済社）や『自分でする相続放棄』『相続手続が簡単に　法定相続情報証明制度の利用の仕方』（日本加除出版）など多数。

図解でわかる　改正相続法入門

2018年12月5日　初版発行
2019年8月20日　初版第4刷発行

著　者　碓　井　孝　介

発行者　和　田　　　裕

発行所　日本加除出版株式会社

本　　社　郵便番号 171 - 8516
　　　　　東京都豊島区南長崎3丁目16番6号
　　　　　ＴＥＬ　（03）3953 - 5757（代表）
　　　　　　　　　（03）3952 - 5759（編集）
　　　　　ＦＡＸ　（03）3953 - 5772
　　　　　ＵＲＬ　www.kajo.co.jp

営業部　郵便番号 171 - 8516
　　　　　東京都豊島区南長崎3丁目16番6号
　　　　　ＴＥＬ　（03）3953 - 5642
　　　　　ＦＡＸ　（03）3953 - 2061

組版・印刷　㈱亨有堂印刷所　／　製本　牧製本印刷㈱

落丁本・乱丁本は本社でお取替えいたします。
★定価はカバー等に表示してあります。
© Kousuke Usui 2018
Printed in Japan
ISBN978-4-8178-4531-3

JCOPY 〈出版者著作権管理機構　委託出版物〉
　本書を無断で複写複製（電子化を含む）することは，著作権法上の例外を除き，禁じられています。複写される場合は，そのつど事前に出版者著作権管理機構（JCOPY）の許諾を得てください。
　また本書を代行業者等の第三者に依頼してスキャンやデジタル化することは，たとえ個人や家庭内での利用であっても一切認められておりません。

〈JCOPY〉　ＨＰ：https://www.jcopy.or.jp，e-mail：info@jcopy.or.jp
　　　　　電話：03-5244-5088，FAX：03-5244-5089

自分でする相続放棄

碓井孝介 著
2017年5月刊 A5判 184頁 本体1,800円+税 978-4-8178-4391-3

商品番号：40672
略　号：相放

- 司法書士である著者が、相続放棄の手続きについて、当事者が「自分でする」という前提のもとストーリー形式で解説。
- 読者が読み疲れないよう配慮した限られた文字数のなかでわかりやすさを追求し、難しい法律の予備知識がなくてもさらりと読める一冊。

相続手続が簡単に 法定相続情報証明制度の利用の仕方

碓井孝介 著
2017年6月刊 A5判 152頁 本体1,500円+税 978-4-8178-4400-2

商品番号：40679
略　号：相情

- 「法定相続情報証明制度」によって相続手続はどう変わるのか？手続の流れに沿って、必要な知識をわかりやすく整理した一冊。
- 戸籍の読み方・取り方や相続手続の進め方も解説。
- 必要な書類の集め方や作成の仕方を具体的に提示。

日本加除出版　〒171-8516 東京都豊島区南長崎3丁目16番6号
TEL (03)3953-5642　FAX (03)3953-2061（営業部）
www.kajo.co.jp